Controlling in der Apotheke

Wirtschaftlicher Erfolg durch
sinnvolle Steuerungsinstrumente

4., aktualisierte Auflage

Marcella Jung

Controlling in der Apotheke

Wirtschaftlicher Erfolg durch
sinnvolle Steuerungsinstrumente

4., aktualisierte Auflage

Marcella Jung

4., aktualisierte Auflage 2025
ISBN 978-3-7741-1808-9 (E-Book: ISBN 978-3-7741-1809-6)
© 2014 Govi (Imprint) in der Avoxa – Mediengruppe Deutscher Apotheker GmbH
Apothekerhaus Eschborn, Carl-Mannich-Straße 26, 65760 Eschborn
avoxa.de, govi.de

Alle Rechte vorbehalten.
Kein Teil des Werkes darf in irgendeiner Form (durch Fotografie, Mikrofilm oder ein anderes Verfahren) ohne schriftliche Genehmigung des Verlages reproduziert oder unter Verwendung elektronischer Systeme verarbeitet, vervielfältigt oder verbreitet werden. Der Verlag behält sich das Text- and Data-Mining nach § 44b UrhG vor, was hiermit Dritten ohne Zustimmung des Verlages untersagt ist. Geschützte Warennamen (Warenzeichen) werden nicht besonders kenntlich gemacht. Aus dem Fehlen eines solchen Hinweises kann also nicht geschlossen werden, dass es sich um einen freien Warennamen handelt.
Titelbild: © paripat – stock.adobe.com
Satz: Fotosatz Buck, Kumhausen/Hachelstuhl
Druck und Verarbeitung: Druckerei Plump, Rheinbreitbach
Printed in Germany

Bibliografische Information der Deutschen Nationalbibliothek
Die Deutsche Nationalbibliothek verzeichnet diese Publikation in der Deutschen Nationalbibliografie; detaillierte bibliografische Daten sind im Internet über http://dnb.d-nb.de abrufbar.

Wichtiger Hinweis
Aus Gründen der besseren Lesbarkeit wird auf die gleichzeitige Verwendung der Sprachformen männlich, weiblich und divers (m/w/d) verzichtet. Sämtliche Personenbezeichnungen gelten gleichermaßen für alle Geschlechter.

Inhaltsverzeichnis

Vorwort 7

1. Einführung: Was ist Controlling? 9
1.1 »Sinnvolles« Controlling in Apotheken 40
1.2 Controlling unter verschiedenen Blickwinkeln 42

2. Controlling in Apotheken 46
2.1 Strategisches Controlling 46
2.2 Operatives Controlling 47
2.3 Konsequenzen ableiten 54

3. Kennzahlen und Key Performance Indicators (KPIs) als Instrumente zur Effizienzsteigerung 55
3.1 Arten von Kennzahlen 57
3.2 Finanzkennzahlen 59
    3.2.1 Rentabilität – Wann ist eine Apotheke rentabel? 59
    3.2.2 Umsatzveränderung (Wachstum, Schrumpfung) 68
    3.2.3 Berechnung von Rentabilitäten nach »Verwendungszweck« – Rentabilität für Fortgeschrittene 70
    3.2.4 Liquidität 73
    3.2.5 Cashflow 74
    3.2.6 Handelsspanne 77
    3.2.7 Ermittlung der Gewinnschwelle: Break-Even-Point (BEP) 82
    3.2.8 Stücknutzen 85
    3.2.9 Eigenkapitalquote (EKQ) 86
    3.2.10 Verschuldungsgrad 87
    3.2.11 Anlagenintensität 88
    3.2.12 Umlaufintensität 88
3.3 Kennzahlen innerhalb der Betriebswirtschaftlichen Analyse (BWA) 89
    3.3.1 Erste Kennzahl innerhalb der BWA: Gesamtleistung 91
    3.3.2 Zweite Kennzahl innerhalb der BWA: Rohertrag 92
    3.3.3 Dritte Kennzahl innerhalb der BWA: Aufschlag 93
    3.3.4 Vierte Kennzahl innerhalb der BWA: Betriebsergebnis 1 94
    3.3.5 Fünfte Kennzahl innerhalb der BWA: Betriebsergebnis 2 94

3.3.6 Sechste Kennzahl innerhalb der BWA: Ergebnis vor Steuer 95
3.3.7 Ergebnis nach Steuer 97
3.3.8 Unternehmensergebnis/Apothekenergebnis 97
3.3.9 Verfügungsbetrag 98

3.4 Personalkennzahlen (Personalcontrolling) 101
3.4.1 Personalleistung 103
3.4.2 Ertragsleistung (Unternehmer) 104
3.4.3 Personalkostenanteil vom Umsatz/Rohertrag (Personalleistung) 104
3.4.4 Personalkosten pro Stunde 106
3.4.5 Personalkosten je Kunde 107
3.4.6 Personalkosten je Packung/Dienstleistung 109

3.5 Kunden- und Marketingkennzahlen 110
3.5.1 Kundenzahlen je Zeiteinheit 111
3.5.2 Kundenzufriedenheit 112
3.5.3 Umsatz je Kunde (Korbumsatz) 112
3.5.4 Rohgewinn je Kunde 113
3.5.5 Anzahl Kunden (Neu-, Stammkunden) 113

3.6 Lagerkennzahlen 114
3.6.1 Lieferfähigkeit/Defektquote 114
3.6.2 Lagerkosten 116
3.6.3 Lagerumschlag/Umschlagshäufigkeit 117
3.6.4 Lagerwert in Prozent vom Umsatz 121

3.7 Sonstige Kennzahlen 121
3.7.1 Prozesskennzahlen 121
3.7.2 Zeitaufwand je Packung (Handlingkosten) 123
3.7.3 Kennzahlen zu Verordnungen Ihrer Ärzte 123
3.7.4 Marktanteil 124

Formelsammlung und verwendete Abkürzungen 126

Nützliche Tasten-Kombinationen in Excel® 129

Anhang 131

Literaturempfehlungen 136

Die Autorin 137

Stichwortverzeichnis 138

Vorwort

Controlling-Lehrveranstaltungen für Führungskräfte in Apotheken gewinnen immer mehr an Beliebtheit, enden aber häufig mit der Reaktion: »Wann soll ich das alles noch machen?«. Je schwieriger die wirtschaftliche Lage, desto eher wird die Frage nach Hilfsmitteln gestellt, und Controlling ist dafür wie prädestiniert. Die Erfahrung zeigt jedoch, dass das neu gewonnene Wissen oft nur teilweise umgesetzt wird. Hauptsächlich werden Zeitgründe angeführt und auch eine gewisse Überforderung. Dieses Buch hat »sinnvoll« im Titel, weil es nicht um einen Kennzahlen-Marathon geht, sondern darum, eine Balance zu finden zwischen effizienter Apothekensteuerung und dem Nutzen für Sie als Anwender der Controlling-Kennzahlen.

Es ist schwer, Controlling-Aufgaben zu delegieren, da es sich häufig um vertrauliche Finanzangaben handelt. Der Inhaber sollte aber nicht immer alles selbst machen und Aufgaben delegieren können. So werden Sie in diesem Buch Kennzahlen finden, die ohne Weiteres von Ihren »Controllern« gemessen und gesteuert werden können, wie z. B. Kundenkennzahlen. Andere Kennzahlen möchte der Inhaber für sich behalten, wie z. B. Liquiditätsgrade. Definitiv ist aber anzustreben, breites Fachwissen innerhalb der Apotheke aufzubauen, anstatt auf Auswertungen der Steuer- oder Finanzberater zu warten. Es ist ganz einfach! Vertrauen Sie Ihrem Controller? Wenn Sie dies bejahen können, so gibt es auch keinen Grund, Kennzahlen nach »mitarbeitergeeignet« oder nicht zu sortieren. Wenn nicht, so sind Sie als Führungskraft gefragt und schaffen diesen unbefriedigenden Zustand ab. Ich beobachte in der Praxis einen interessanten Trend: Immer mehr Apotheken-Inhaber stellen einen kaufmännischen Leiter ein. So kann der Apotheker der echten Gewinnerzielung nachgehen und sich um die wesentlichen Dinge in seiner Apotheke kümmern: NAH am KUNDEN und nah am Mitarbeiter sein. Viele Apotheker stimmen mir hier zwar zu, am Ende ist es aber der wirtschaftliche Faktor, warum die Inhaber doch alles in einer Union versuchen umzusetzen.

Bitte beachten Sie bei aller Freude an der Berechnung von Kennzahlen, dass der Faktor Mensch (Kunde/Mitarbeiter) Ihr wichtigstes Gut ist. Es nützt alleine nichts, wenn Sie Key Performance Indikators (KPIs) berechnet haben und die optimale Beratungszeit pro Kunde kennen. Er braucht in dieser Zeit Ihre Sympathie, Empathie, Ihr Lächeln und herzliche Wärme, damit der Wohlfühlfaktor stets so hoch ist, dass der Kunde sich beim nächsten Bedarf wieder für den Weg zu Ihrer Apotheke entscheidet. Es gibt mit Sicherheit ausreichend Apotheken, die, ohne auch nur eine Kennzahl zu berechnen, bei Kunden sehr beliebt sind. Aufgrund des steigenden Kostendrucks ist es wohl die gelungene Balance zwischen wirtschaftlicher Effizienz und Kundenzufriedenheit, die wesentliche Wettbewerbsvorteile schaffen wird. Lassen Sie also Ihre Kunden nicht spüren, dass Sie über ein raffiniertes Controlling-System verfügen.

Sie werden nicht nur fachliche Inhalte finden, die zum Buchtitel passen, sondern auch einige Excel®-Erklärungen. Diese Passagen halte ich aufgrund meiner Praxiserfahrung mittlerweile für notwendig. Sofern Sie hier bereits gute Kenntnisse haben, überspringen Sie gerne diese Seiten. In meinen Seminaren und Webinaren habe ich so häufig Fragen nach der konkreten Umsetzung in Excel® und daher zeige ich dazu einige Beispiele auf. Wer so Spaß am Thema gewinnt, wird sicherlich selbst eine Vertiefung in Excel® suchen und dann entsprechende Fachseminare besuchen. Für den Anfang aber brauchen Sie nur dieses Buch.

Ebenfalls finden Sie Beispiele professioneller Software-Lösungen. Dies soll keine Werbung sein, sondern Sie inspirieren, eventuell mehr aus Ihren eigenen Softwarehäusern »herauszuholen«.

Sie finden in den Rechenbeispielen, in denen die Mehrwertsteuer eine Rolle spielt, stets den vollen Steuersatz von 19 Prozent. Liste der dem ermäßigten Steuersatz unterliegenden Artikel finden Sie im Umsatzsteuergesetz (UStG, Anlage 2 (zu § 12 Absatz 2 Nummer 1, 2, 12, 13 und 14)).

Weiterhin ist mir wichtig vorab darauf hinzuweisen, dass ich zwecks besserer Lesbarkeit häufig die maskuline Form verwende. Bitte fühlen Sie sich nicht dadurch gestört oder gar diskriminiert. Dieses läge mir wirklich fern. Vielen Dank.

Dankeschön

Besonders meiner Familie danke ich sehr! Ich habe einen wundervollen Mann und Tochter, die mich so sehr unterstützen. Ihr seid großartig, vielen Dank!

Im geschäftlichen Umfeld bin ich nach wie vor sehr dankbar für die jahrelange Unterstützung und Zusammenarbeit mit der Firma Konzept-A, besonders hier Herrn Jens Psczolla. Das einzigartige Wissen um das Einkaufsmanagement und die gesamte Erfolgsausrichtung hat auch meine Arbeit stets verbessert.

Ebenfalls danke ich der Firma ADG Apotheken-Dienstleistungsgesellschaft GmbH und hier besonders Frau Simone Pohl (Leitung Apotheken Management).

Schließlich danke ich an dieser Stelle der Avoxa-Mediengruppe für die tolle Zusammenarbeit und vor allem auch für die Geduld!

Ich wunsche Ihnen wie immer viel Spaß mit BWL!

Ihre

Mariella Jung

1. Einführung: Was ist Controlling?

Bitte übersetzen Sie »control« nicht mit »Kontrolle«. Auch wenn Sie regelmäßig nach gewissen Kennzahlen schauen und reagieren, wenn es Handlungsbedarf gibt. Dies ist noch kein Controlling im engeren Sinne. »To control« bedeutet »steuern«! Wenn Sie einen wesentlichen Vorteil durch die Implementierung von Controlling in Ihrer Apotheke spüren möchten, so empfehle ich den vollständigen Ansatz zu überdenken. Vollständiges Controlling bedeutet:

1. Ziele setzen, definieren, planen (Strategie, Vision, Ziele) – dies ist die Aufgabe des Inhabers!
2. Soll-Ist-Abgleich im Laufe der Planungsperiode – Controlling im engeren Sinne.
3. Ableitung von Ergebnissen, Konsequenzen, Ursachen von Planungsabweichungen – gemeinsame Tätigkeit von Inhaber und Controller oder nur alleine vom Inhaber, da dieser die Fachkompetenz bezüglich der Planwerte haben sollte. Der Controller ist eher die kaufmännische Instanz, die nicht zwingend auch die pharmazeutischen Marktkenntnisse hat (zum Bsp. »der Umsatz steigt im neuen Jahr, weil neue Arzneimittel auf dem Markt gekommen sind«).

Immer wieder ist zu lesen, dass das Planen von Unternehmenszielen eine Controlling-Aufgabe sei. Meiner Ansicht nach gehört dies ins Management und das Controlling übernimmt diese Angaben als sogenannte »Soll-Werte«.

Verbinden Sie Controlling mit dem Zeit- und Selbstmanagement
Entscheidend ist nicht immer, was Sie tun, sondern vor allem wofür Sie es tun. So kann es sein, dass kurzfristig Maßnahmen ergriffen werden, die nicht ganz oben auf Ihrer Prioritätenliste stehen. Das löst keinen Stress in Ihnen aus, weil Sie wissen, dass Sie insgesamt den wichtigen und wahren Dingen im Leben und Job nachgehen. Was aber sind die wahren und wichtigen Dinge? Wir werden im Laufe dieses Buches auf die persönliche und berufliche Zielfindung zurückkommen.

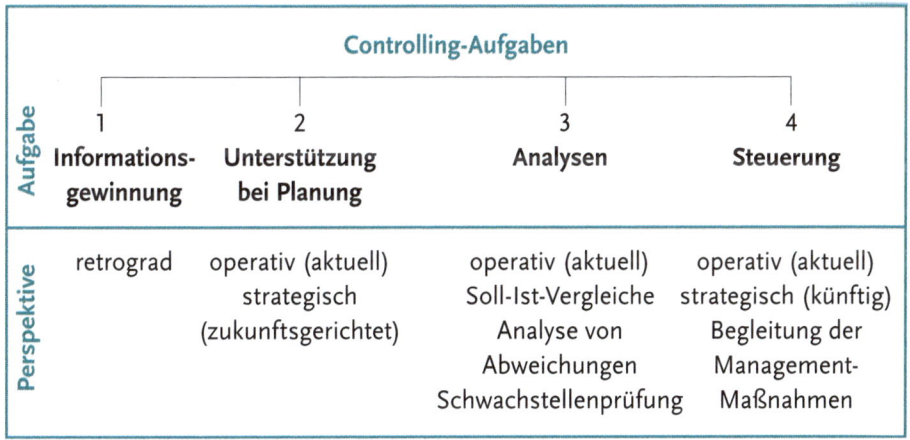

Abb. 1: Die vier Controlling-Aufgaben

Eine Planung ist nur dann möglich, wenn planungsrelevante Informationen zur Verfügung stehen, und sicherlich lässt sich die Aufgabe der Informationsgewinnung wiederum dem Controlling zuordnen. Nachfolgend können Sie die klassischen Controlling-Aufgaben erkennen:

Übersicht der Controlling-Aufgaben

1. Informationsgewinnung
2. Unterstützung bei der Planung
3. Analysieren von Vergangenheitswerten
4. Steuerung

Zu Controlling-Aufgabe 1: Informationsgewinnung

Je nachdem mit welchem Softwaresystem Sie in der Apotheke arbeiten, können Sie auf sehr wertvolle Informationen zurückgreifen. Im sogenannten »Managementreport« werden viele Controlling-Funktionen zusammengefasst. Oft sind damit höhere Gebühren an den Softwareanbieter verbunden. Sehr häufig erlebe ich in der Praxis aber: Sie könnten auf diese Informationen zurückgreifen, wissen aber gar nicht, dass Sie sie haben. In diesem Buch wird nicht weiter auf Informationssysteme, die es im Markt käuflich zu erwerben gibt, eingegangen. Oft bieten die Anbieter dieser Systeme Schulungen zu ihren Systemen an. Es ist jedoch sekundär, wie schön grafisch das Ergebnis aufbereitet ist, es kommt auf den Inhalt an sich an. Gerne können Sie auch einfach die Informationen in eine gängige Excel®-Datei eingeben. Entscheidend sind die Richtigkeit der Eingabe und die korrekte Ableitung der Maßnahmen aus den gewonnenen Ergebnissen.

Ihre Controlling-relevanten Informationen können Sie gewinnen aus:
- Buchhaltung bzw. internem Rechnungswesen, Betriebswirtschaftlicher Analyse (BWA), Internem Betriebsvergleich (IBV),
- Jahresabschluss bzw. externem Rechnungswesen (evtl. Steuerberater),
- internem Warenwirtschaftssystem mit den einhergehenden Managementreports,
- Marktdaten, brancheninternen Vergleichen (Benchmarks).

Sehr wichtig ist die Konzentration auf das Wesentliche und die Verdichtung von zielgerichteten, also die für Sie und Ihren Standort relevanten, Informationen. Wenn z. B. bei typischen Vergleichswerten von der »Durchschnittlichen Apotheke« die Rede ist, so ist dies zu vernachlässigen. Denn wenn alle Apotheken in Deutschland miteinander verglichen werden sollen, so finden Sie so viele Unterschiede, dass Ihnen der Vergleich an sich nichts bringt. Bitte trennen Sie sich von der Erwartungshaltung, sich mit allen anderen Apotheken vergleichen zu wollen! »Bauen« Sie sich Ihr eigenes Kennzahlenwerk und stellen Sie sicher, dass Ihnen die Hintergründe Ihrer eigenen Veränderungen klar sind.

Lieferant für Informationen ist nicht nur Ihr eigenes Warenwirtschafts- und Informationssystem, sondern oft auch der Steuerberater. Beachten Sie hierbei, dass geclustert wird nach Art der Apotheke (Umsatzgruppen) und nach Region. Eine Ärztehausapotheke sollte auch nur mit einer solchen verglichen werden, und dass es regionale Unterschiede bei anfallenden Kosten und Kaufkraft gibt, ist Ihnen sicherlich auch klar. Auch Apothekerverbände, -kammern, Industrie- und Handelskammer (IHK), ABDA oder Fachartikel können Ihnen zusätzliche Informationen liefern.

Die Qualität Ihrer internen Daten ist von großer Bedeutung. Diese beziehen Sie zum größten Teil aus Ihrem Apotheken-EDV-System. Fordern Sie gegebenenfalls vom System-Anbieter die notwendige Unterstützung an, wenn Sie Informationen vermissen oder die Ergebnisse für Sie nicht zufriedenstellend dargestellt sind.

Nachfolgend werden Sie für die Berechnung der Kennzahlen regelmäßig aufgefordert, bestimmte Dokumente als Informationsquelle heranzuziehen. Dazu gehören:
- Gewinn- und Verlustrechnung (GuV),
- Betriebswirtschaftliche Auswertung (BWA, IBV),
- Bilanz.

Was sind diese Dokumente und was sagen sie aus? Nachfolgend lesen Sie eine kurze Zusammenfassung. Fehlen Ihnen diese betriebswirtschaftlichen Grundlagen, so benötigen Sie weiterführende Literatur (Literaturhinweise im Anhang).

In dieser Auflage möchte ich erstmalig Beispiele zeigen, wie Ihre Informationsgewinnung mittels professioneller Lösungen im Markt aussehen kann. In der Vergangenheit wollte ich vermeiden, dass mein Buch als Werbemittel missverstanden wird. Über die Jahre hinweg beobachte ich aber, dass Entscheider in Apotheken mit einer Informationsflut überfordert sind und zu Schutzmechanismen greifen, um information-overload zu vermeiden. Es werden viel zu viele Lösungen »selbst gebastelt«, die Sie zu viel Zeit kosten. Oder es wird überteuert eingekauft, um am Ende festzustellen, dass man das auch selbst gekonnt hätte. Ich möchte Ihnen nachfolgend einige Beispiele aufzeigen, ohne Werbung für konkrete Anbieter zu machen. Die Beispiele sollen Ihnen den Impuls geben, sich die Zeit zu nehmen und zu hinterfragen, wie viel Zeit Sie mit schlechten Informationsquellen verbringen. Multiplizieren Sie diese Zeit mit dem Minuten-Wert Ihrer Arbeitsleistung und bedenken Sie zusätzlich die Nervenbelastung.

> **1. BEISPIEL:**
> Zeigen Sie Ihren Mitarbeitern im HV-Bereich immer wieder den Rohertrag/Stücknutzen (optische Unterstützung im HV). Durch die permanente Anwendung und Sichtbarkeit erfolgt ein Training. Man greift schneller und lieber zu den Produkten, die den Standort sichern. Der Mitarbeiter soll selbstverständlich nach pharmazeutischen Kriterien agieren. Aber wenn er die Wahl hat … Welche Empfehlung würde man dann geben? Wo könnten Sie bessere Einkaufsbedingungen schaffen, weil sich Mengen bündeln lassen?

12 1. Einführung: Was ist Controlling?

So kann der Bildschirm dann aussehen:

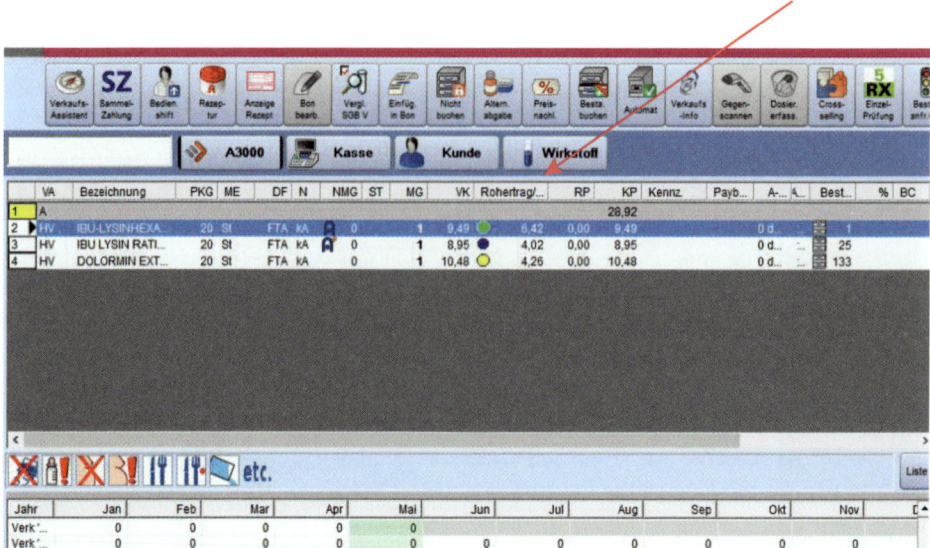

Abb. 2: Rohertrag sichtbar machen

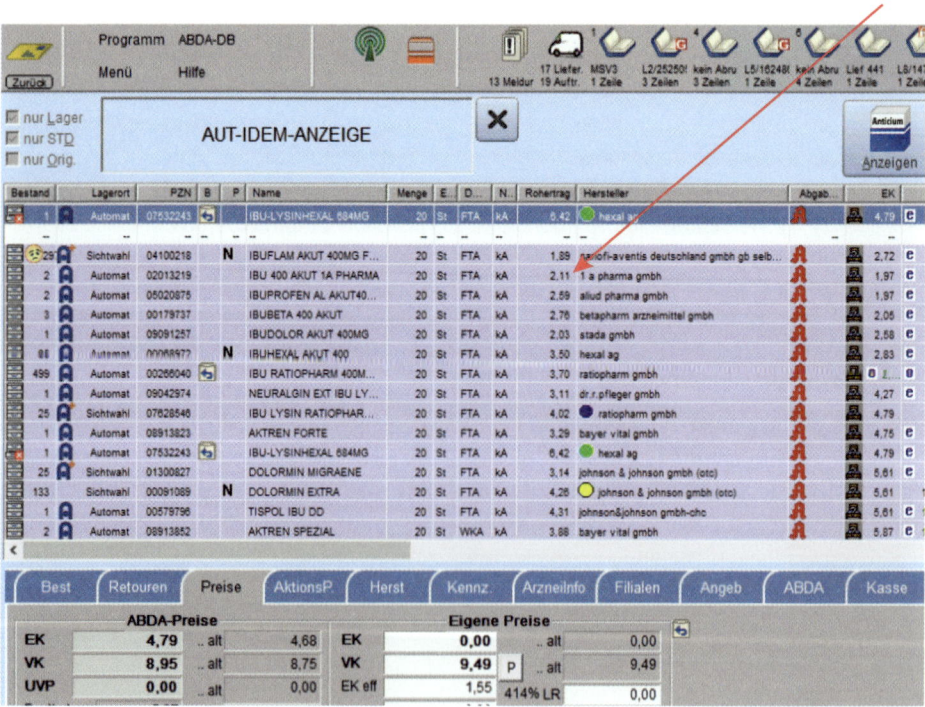

Abb. 3: Vergleich des Rohertrags verschiedener Präparate

1. Einführung: Was ist Controlling?

> **2. BEISPIEL:**
> Betrachten Sie wichtige Kennzahlen wie Rohertrag, Stücknutzen und Spanne im Zeitvergleich und mit Diagrammen zur optischen Erleichterung.

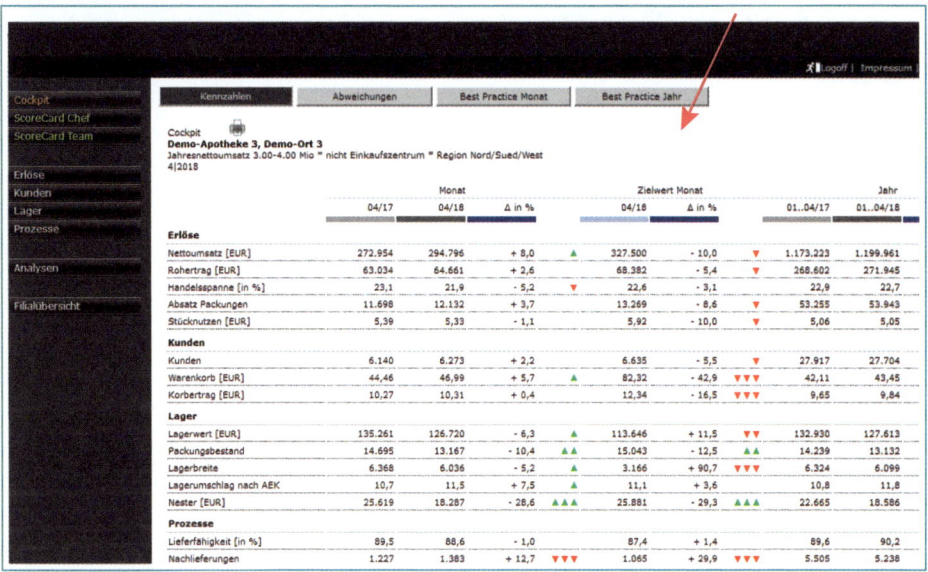

Abb. 4: Kennzahlen im Zeitvergleich auf einen Blick

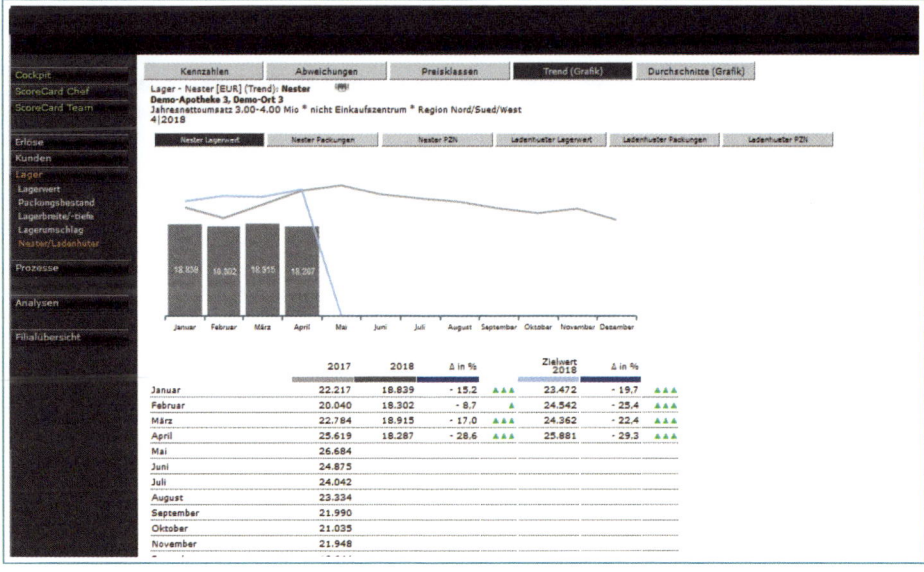

Abb. 5: Diagramme und Grafiken helfen bei der schnellen Lesbarkeit in der Praxis

3. BEISPIEL:
Bündeln Sie Informationen und Kennzahlen über verschiedene Standorte zusammen.

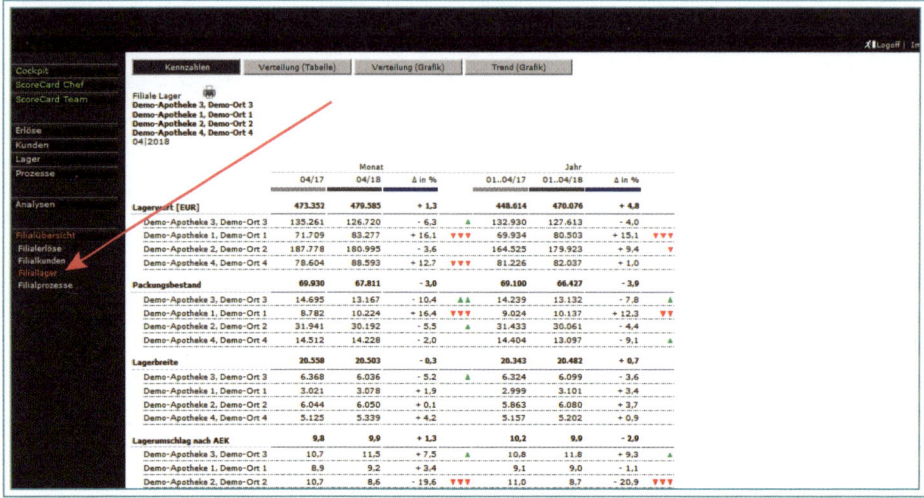

Abb. 6: Anzeige von Kennzahlen des ganzen Filialverbundes

4. BEISPIEL:
Textfenster mit Erklärungen zu Kennzahlen helfen Mitarbeitern, die noch nicht sicher genug mit der Materie sind.

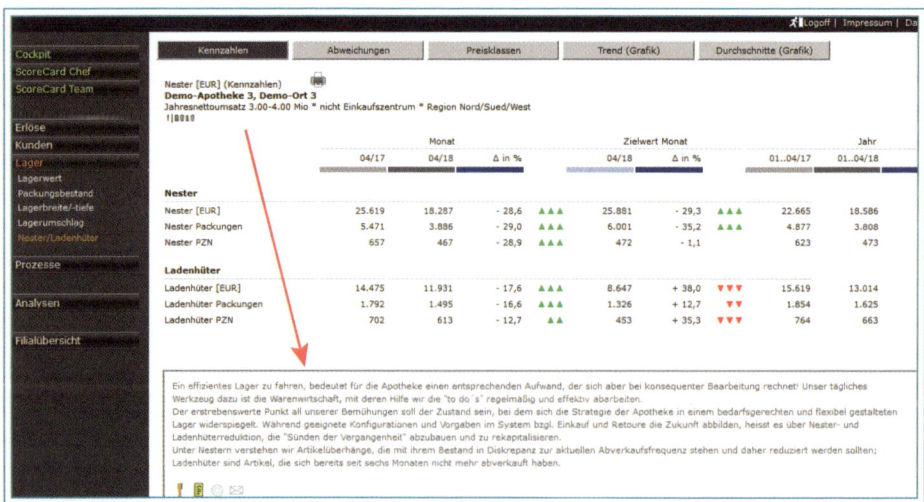

Abb. 7: Erklärendes Textfenster

1. Einführung: Was ist Controlling?

5. BEISPIEL:
Lassen Sie sich bei der Interpretation durch die Bewertung des Anbieters helfen.

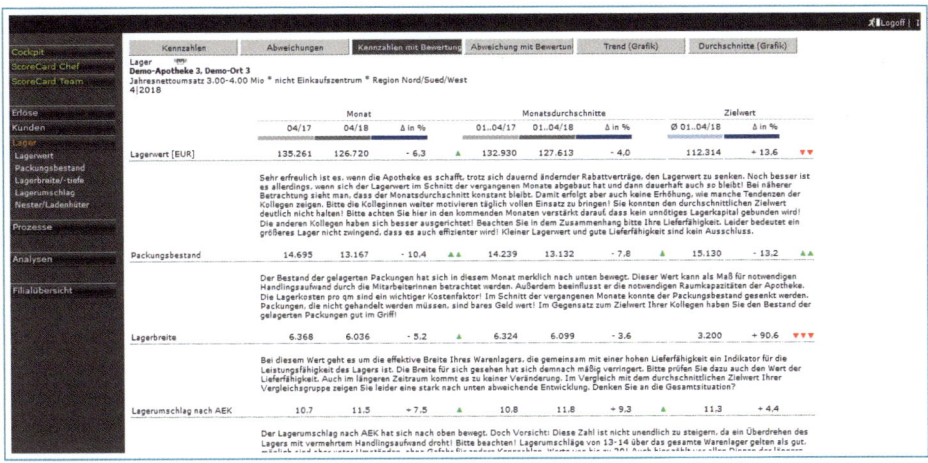

Abb. 8: Hinweise des Softwareanbieters zur Interpretation der Kennzahlen

Wichtige Dokumente zur Informationsgewinnung

Gewinn- und Verlustrechnung (GuV)
Die Gewinn- und Verlustrechnung (GuV) wird im Zuge des Jahresabschlusses erstellt und unterliegt strenger Gesetzgebungsrichtlinien. Sinngemäß werden Ihre Erträge (Einnahmen) aus dem Geschäftsjahr zusammengefasst und davon Ihre Aufwendungen (Ausgaben) subtrahiert. Das Ergebnis – sofern positiv (= Gewinn) – ist zu versteuern. Das Ergebnis (nach Steuer) symbolisiert Ihren »Erfolg« der Apotheke. Kennzahlen beziehen sich auf fast alle Bestandteile der GuV.

Betriebswirtschaftliche Auswertung (BWA)/Interner Betriebsvergleich (IBV)
Da Sie nicht das ganze Geschäftsjahr warten wollen, wie das Gesamtergebnis Ihrer Apotheke aussieht, bilden Sie schon vorzeitig ein »Zwischenergebnis« ab. Das ist in der Regel monatlich der Fall, so dass man von einer monatlichen GuV sprechen könnte. Hier gibt es aber keine gesetzlichen Vorgaben, so dass dieses Dokument frei gestaltbar ist. Die BWA gilt als die interne »kurzfristige« Erfolgsmessung. Kennzahlen beziehen sich auf fast alle Bestandteile der BWA.

Bilanz
Die Bilanz ist ebenfalls Pflichtbestandteil des Jahresabschlusses und gilt als ein statisches Instrument. Sie erfassen zu einem Stichtag per Inventur Ihr Vermögen (= Aktiva) und dokumentieren, wie alles finanziert worden ist (= Passiva). Statisch daher, da es zu einem Stichtag erfasst ist und keine Zusammenfassung des Geschäftsjahres ist (wie in der GuV). Es kann also am nächsten Tag wieder ganz anders aussehen. Die Bilanz sagt aus, was Sie zum Stichtag an Vermögen besitzen und wie es finanziert worden ist. Für die Apotheke sind die Pos-

ten Vorräte (Lager) und Flüssige Mittel (Bank, Kasse) im Hinblick auf die Bildung von Kennzahlen besonders wichtig.

Vorbereitende Tätigkeiten
Nachhaltigen Erfolg erzielen Sie nur dann, wenn Sie sowohl strategische als auch operative Steuerungselemente beachten. Als Ausgangspunkt für eine strategische (langfristige) Planung sind folgende Fragen zu beantworten:

- Welche Zielgrößen soll meine Apotheke erfüllen?
- Wo stehen wir (Stärken/Schwächen)?
- Welche Rahmenbedingungen ergeben sich durch
    - meine Kunden
    - meine Mitbewerber oder ähnliche Anbieter (z. B. Internet)
    - die Standortbedingungen (Kaufkraft)
    - politische Veränderungen
    - Qualifizierung meines Personals
    - Einwohnerpotenzial
    - Ärzteentwicklung/Verschreibungspotenzial
    - Sonstiges?

Allen Betrachtungen ist ein direkter oder indirekter Einfluss auf die Umsatzentwicklung und auf die Kosten der Apotheke gemein. Die Punkte werden im Zuge der Management-Planung vertieft und der Controller übernimmt die Vorgaben als Soll-Werte.

Zu den Vorbereitungen gehört auch, die größte Einnahmeart, die Umsatzerlöse, in die nachfolgenden Kategorien zu clustern:
- Umsatz mit verschreibungspflichtigen Artikeln (GKV-Rezepte, Privatrezepte) = Rx-Umsatz,
- Umsatz mit apothekenpflichtigen Artikeln, Hilfsmitteln und Medical-Produkten = non-Rx-Umsatz,
- Umsatz mit Sonderkategorien wie Aktionen, Kosmetik, Spezialsortimenten oder Dienstleistungen = non-Rx-Umsatz.

Und falls vorhanden, führen Sie diese Trennung separat für Offizin, Versandapotheke und/oder Online-Shop ein.
    Die Clusterung in Rx und non-Rx ist notwendig, damit Sie später die entsprechenden Kennzahlen bilden können. Würde Ihr Umsatz ganzheitlich den gleichen Charakter haben, wie z. B. in einem Schuhgeschäft, so wäre dies nicht notwendig. Bedingt aber durch die gesetzliche Beeinflussung sollten Sie Ihren Umsatz für die nachfolgenden Kennzahlen »präparieren«. Die Abrechnungszentren liefern in der Regel monatlich diese Angaben, so dass Sie zu einer solchen Umsatzeinteilung in der Lage sein müssten.

1. Einführung: Was ist Controlling?

Wie gut sind Sie auf die Kundenkennzahlen vorbereitet? Erfassen Sie nicht nur die Kundenzahl (Vor-Ort-Käufe), sondern auch Botenlieferungen, Nichtverkäufe, Dienstleistungen und auch die reinen Beratungsgespräche. Controlling bedeutet nicht nur das Berechnen von Kennzahlen, sondern auch das Beobachten von bestimmten Situationen und daraus folgenden Optimierungsmöglichkeiten. Daher sind Sie gut vorbereitet, wenn Sie nicht nur Zahlenmaterial sammeln, sondern auch ganze Prozesse und Zusammenhänge beobachten und sich Notizen dazu machen.

> **PRAXISBEISPIEL:**
> **UMSATZZUWACHS IN EINEM MONAT IM VERGLEICH ZUM VORJAHRESMONAT**
>
> Viele Apotheken haben während der Fußball-WM im Jahr 2006 und dem phantastischen Sommer dazu sicherlich überdurchschnittliche Umsatzzuwächse erfahren. Diese äußerst positive Stimmung in der Bevölkerung führte insgesamt zu einer verbesserten Kauflaune und ließ im gesamten Einzelhandel die Umsätze steigen. Es ist dann wichtig, die Tatsache dieser positiven Stimmung – bedingt durch die WM (oder/und Wetter) – festzuhalten. Prognostizieren Sie nun künftige Umsätze und schließen dabei von Ihren Vergangenheitswerten auf die Zukunft, so kann Sie eine entsprechende Notiz davor schützen, zu optimistisch für das nächste Jahr zu sein (da keine WM zu erwarten ist.) Leider konnten wir in den Folgejahren diesen Erfolg nicht wiederholen. Am Wetter lag es allerdings nicht ☺! Nicht ganz so weit weg sind die Pandemie-Jahre, in denen Apotheken starke Umsatzschwankungen im operativen Geschäft hatten, dafür aber deutlich positive Einnahmen mit atypischen Geschäft, wie beispielsweise die Abgabe von Masken oder Covid-Test etc. Die Erinnerung daran verblasst schnell und nach kurzer Zeit sind solche scheinbar klaren Hintergrundinformationen vergessen. Wenn Sie später vor allem bei den Soll-Ist-Abgleichen Veränderungen feststellen, so halten Sie diese fest. Vorbereitend können Sie die Vergangenheitswerte nach solchen Auffälligkeiten prüfen. Dazu gehört auch der Wegfall oder Zuzug von Ärzten, größeren Arbeitgebern, Wettbewerbern, Aufnahme neuer Geschäftsfelder, Vergrößerung der Offizin, Stadtfest, mehr Öffnungstage als im Vorjahr etc.

Zu Controlling-Aufgabe 2: Unterstützung bei der Planung

Das Planen einer Vision und der sich daraus ableitenden Unternehmensziele gehört in die Thematik des strategischen Managements. Das Controlling leistet hier mit diversen Instrumenten Unterstützung und nennt sich daher »strategisches Controlling«.

Das Controlling unterscheidet in seinen Instrumenten nach operativem und strategischem Controlling (angelehnt an Peemöller, Controlling):

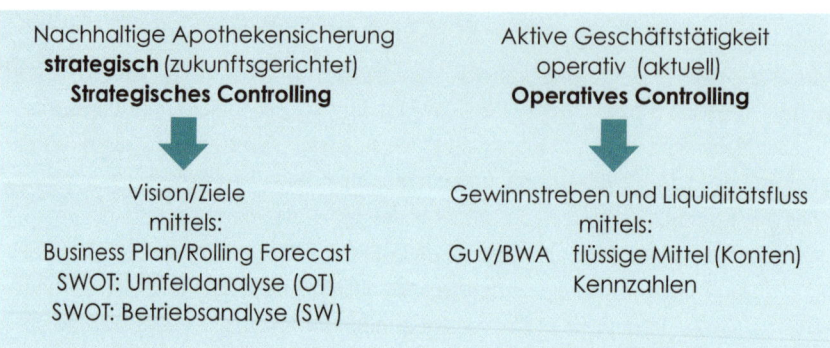

Abb. 9: Operatives und strategisches Controlling

Mittels einer »SWOT-Analyse« werden sowohl strategische als auch operative Controlling-Aspekte abgedeckt. Sie können sinnvoll nur dann eine Zukunftsplanung aufstellen, wenn Sie Ihre gegenwärtige Situation analysiert haben. Dafür ist dieses Instrument sehr gut geeignet.

SWOT-Analyse
S = Strengths = (eigene) Stärken
W = Weaknesses = (eigene) Schwächen
O = Opportunities = Chancen und positive Aussichten
T = Threats = Risiken und hinderliche Entwicklungen

Die SWOT-Analyse ist nicht nur für Bankgespräche geeignet, sondern hilft bei Visualisierung von Projektvorhaben. Bringen Sie Ihre Gedanken in eine strukturierte Form und besprechen Sie alles mit Mitarbeitern, Partnern etc.

1. Einführung: Was ist Controlling?

	Operativ und innerhalb der Apotheke		Strategisch und außerhalb der Apotheke	
	Strengths (Stärken)	Weaknesses (Schwächen)	Opportunities (Chancen)	Threats (Risiken)
Mitarbeiter				
Kunden				
Wettbewerb				
Produkte				
Dienstleistung				
Strukturen				
Prozesse				
Eigene Person				
Sonstiges				

Abb. 10: SWOT-Analyse-Schema

Die praktische Vorgehensweise ist das Auflisten der einzelnen Punkte und – vor allem bei Schwächen und Risiken – das Aufzeigen von Gegenmaßnahmen. Natürlich gibt es eine persönliche Variante und eine für die Bank ☺!

Beispiele

Struktur/Standort – Schwächen/Weaknesses: Die Apotheke liegt dezentral in einer Seitenstraße.
Gegenmaßnahme: Anbringen von Hinweisschildern sowie Verstärkung der Beleuchtung.
Kunden – Risiken/Threats: Abwanderung der Kunden ins Internet.
Gegenmaßnahme: pro-aktive Kundenbindungsmaßnahmen und Überzeugung durch Qualität. Die definierten Marketing-Maßnahmen lauten: ... (nachfolgend würden Sie Ihre geplanten Marketingaktivitäten nennen).

Zu Controlling-Aufgabe 3: Analysieren von Vergangenheitswerten

Das Controlling soll zeitlich übergreifend verstanden werden. Es richtet sich in die Vergangenheit (Wie und was haben wir bis jetzt gemacht?), beleuchtet die Gegenwart (Was läuft gut und wo sind Engpässe?) und kann schließlich für die Zukunft Empfehlungen geben, um Fehler zu vermeiden oder/und Aktionen anzugehen. Die Analysen sind dabei übergreifend in allen Prozessen und Kennzahlen vorzunehmen, einerseits apothekenintern und andererseits auf den Markt bezogen (z. B. Kunden, Wettbewerb, Gesetzgebung). Alle zukunftsbezogenen Analysen und Maßnahmen sind als strategisches Controlling zu verstehen, alle gegenwärtigen als operatives. Analysen der Vergangenheit dienen sowohl dem strategischen als auch dem operativen Controlling.

Wenn man sich die Entwicklung in den Apotheken in der jüngeren Vergangenheit anschaut, so können zahlreiche Beispiele für neue und innovative Wege (Onlineshops, »happy hour« etc.) gefunden werden. Seitdem im Jahr 2004 das Gesetz zur Modernisierung der Gesetzlichen Krankenversicherung (GMG) Türen zur Preisgestaltung geöffnet hat, finden Apotheker neue Wege zur Kundengewinnung. In diesem Zusammenhang kann der Controller als Quelle der Innovation gesehen werden. Vergleichbar mit Kapitän und Steuermann auf einem Schiff würde das Management (= Kapitän) der Apotheke entscheiden müssen, was sinnvoll ist und durchgeführt wird, aber der Controller (=Steuermann) wäre derjenige, der den Impuls für die Optimierung gibt.

Zu Controlling-Aufgabe 4: Steuerung

Die Steuerung aufgrund gewonnener Informationen wirkt sich auf verschiedene Bereiche der Apotheke aus. Im sogenannten Business-Plan können Sie alle relevanten Informationen und Entscheidungen/Maßnahmen festhalten. Den Kern bilden die finanzwirtschaftlichen Kennzahlen. Weiterhin treffen Sie Maßnahmen innerhalb Ihrer Sortiments- und Personalpolitik sowie im Zuge der Kundenbetreuung. Das Controlling soll als Vorstufe zur Entscheidungsfindung dienen und das Management entscheidet. Denken Sie wieder an das Schiff. Sind, was in Apotheken häufig der Fall ist, Kapitän und Steuermann ein und dieselbe Person, so ist dies natürlich für Sie eine rein theoretische Trennung der Aufgaben.

Helfen Sie sich mit MS Excel® aus

Den hier angegebenen Beispielen liegt überwiegend Excel® von Microsoft (MS) als Tabellenbearbeitungsprogramm zugrunde. Ihre Softwaresysteme bieten häufig eigene Auswertungsprogramme an, die letztendlich aber auch auf dieses System zurückgreifen. Ich empfehle den Einsatz des eigenen Excel-Programms (oft haben Sie in den Apotheken bereits MS-Office-Lizenzen gekauft), anstatt weitere Kosten für vielleicht schönere Grafiken auszugeben. Jede Grafik steht und fällt mit der Zahlenbasis und auf die sollen Sie sich zunächst konzentrieren. Natürlich ist die Erstellung zunächst aufwendig, aber im Sinne der langfristigen Apothekensteuerung lohnt sich der Erstaufwand. Die Erfahrung zeigt auch, dass beim eigenen Anlegen dieser Tabellen am besten klar wird, ob man überhaupt verstanden hat, was gerade gemessen werden soll. Ihre Fachkompetenz und Einschätzung des Marktes ist das wertvollste Gut

1. Einführung: Was ist Controlling?

und sollte somit in jedes Instrument einfließen können. Bringen Sie daher Ihre Excel-Kenntnisse auf Vordermann und konzentrieren Sie sich auf die Richtigkeit der Inhalte statt auf die Schönheit der Grafiken.

In dieser überarbeiteten Auflage möchte ich gerne auf zahlreiche Rückmeldungen der Leser eingehen, die um Hilfestellung bei der Umsetzung gebeten haben und an dieser Stelle einige Praxisbeispiele aufzeigen.

Die Software ist im Allgemeinen leicht aufgebaut und gut verständlich. Die aktuellen Versionen ab 2010 sind optisch vergleichbar. Die anzuwendenden Formeln sind aber konstante Klassiker, die versionsunabhängig verwendet werden können.

Einstieg in MS Excel ®

Wenn Sie eine neue Datei erstellen möchten, erhalten Sie zunächst verschiedene Vorschläge, welche Art von Datei erstellt werden soll:

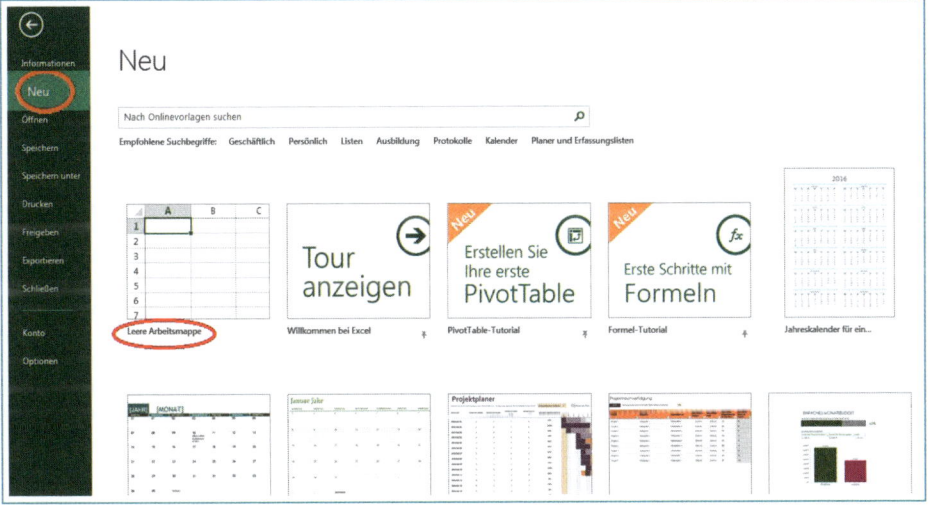

Abb. 11: Excel® – neue Tabelle

Nachfolgend werden immer wieder bestimmte Begriffe verwendet, die Sie in der unteren Abbildung zusammengefasst erkennen können:

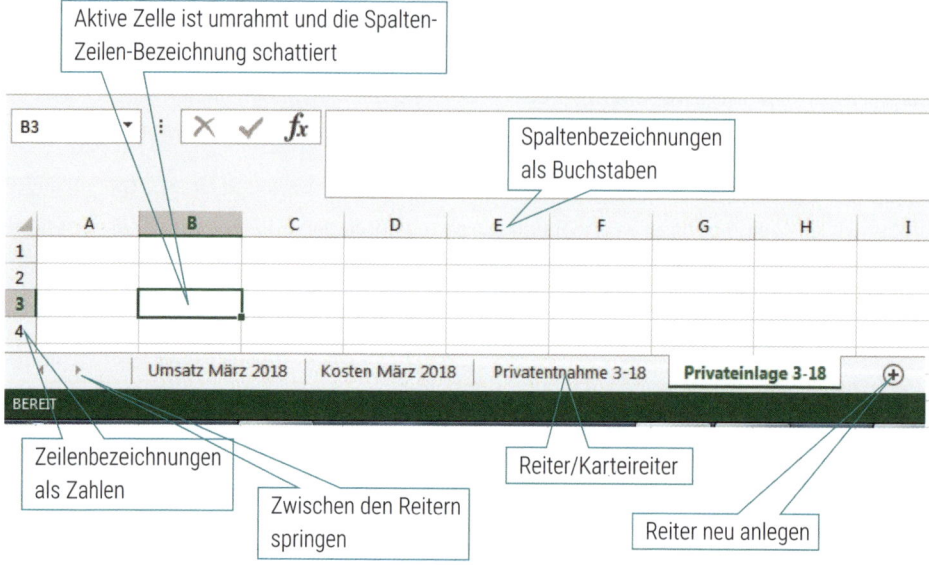

Abb. 12: Excel® – Grundbegriffe/-funktionen

Für den Anfang beschäftigen wir uns mit der einfachsten Form, der leeren Arbeitsmappe. Im oberen Bereich sind die Microsoft-Produkte alle ähnlich aufgebaut und bieten diverse Möglichkeiten zur Bearbeitung der Inhalte.

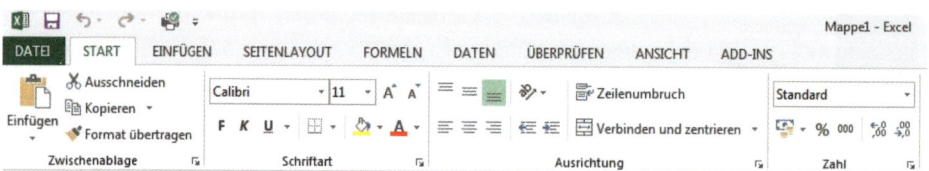

Abb. 13: Excel® – oberer Bereich/Kopfleiste

Sollten bereits hier Verständnisprobleme haben, sollten Sie zunächst einen allgemeinen MS-Grundlagenkurs besuchen. Der Fokus hier liegt auf den Anwendungsmöglichkeiten für Ihr Controlling und so widmen wir uns gleich dem eigentlichen Tabellen-Bereich.

1. Einführung: Was ist Controlling?

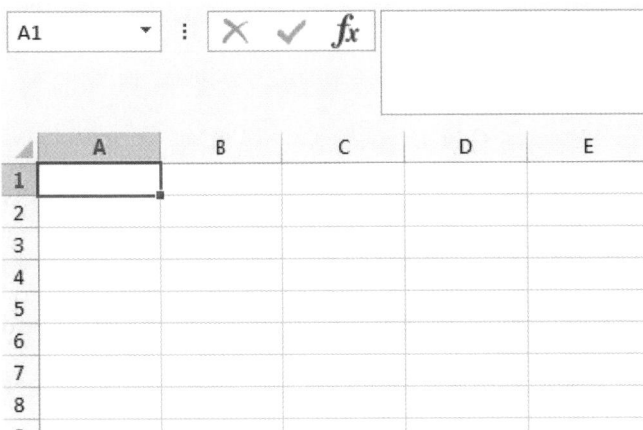

Abb. 14: Excel ® – Tabellenbereich

Sie sehen zunächst in der Vertikalen Zahlen und in der Horizontalen Buchstaben, mit denen die Zellen eine eigene Bezeichnung und Zuordnung bekommen können. Farblich unterlegt sehen Sie also in Abbildung 14 die Zelle A1. In die Zellen können nun Texte, Zahlen oder Formeln eingetragen werden. Für das Controlling werden unsere Zellen rechnen müssen und hierfür benötigen wir einige Grundfunktionen:

»=« das Ist-Gleich-Zeichen eröffnet eine Formel, markiert also den Beginn einer Funktionalität. Wollen Sie beispielsweise, dass in der Zelle gerechnet wird, wie viel 1 + 1 ergibt, so tippen Sie in die Zelle ein:
= 1 + 1

Mit »Enter« bestätigt, beginnt die Zelle zu rechnen und Sie sehen nur noch das Ergebnis »2«. Beginnen Sie also später Ihre Berechnungen immer mit einem »=«.

Nachfolgend sehen Sie weitere mathematische Grundfunktionen, die jeweils nach dem »=« eingegeben werden.

Excel®-Funktion SUMME

= Summe ()   einzelne Zahlen oder ganze Bereiche addieren. In die Klammer gehören nun einzelne Zahlen oder die Zellen, die addiert werden sollen. Geben Sie keine Leerzeichen ein.

Beispiel:

=SUMME (C2+D4)   Mit »Enter« addiert nun diese Zelle die Werte, die sich in den Zellen C2 und D4 befinden. Dies ist eher ungebräuchlich, da Sie ja gleich schon nach dem Ist-Gleich-Zeichen die Zellenbezeichnungen mit einem Plus hätten verbinden können. Es hätte zum gleichen Ergebnis geführt.

=SUMME (B4:B7)   Wesentlich häufiger im Gebrauch ist das Addieren ganzer Bereiche in einer Zeile oder Spalte. Der Doppelpunkt steht für »bis«. Hier werden alle Werte addiert, die sich in Spalte B in den Zeilen 4 bis 7 befinden.

	A	B
1	=SUMME(C2+D4)	
2		
3	=SUMME(B4:B7)	
4		
5		
6		

Abb. 15: Excel® – Tabellenbereich

Somit erarbeitet die Zelle (hier A1 und A3) automatisch das neue Ergebnis, auch wenn sich in den Zellen C2, D4 oder B4 bis B7 die Werte ändern.

Warum sich die Werte in den Zellen C2, D4 oder B4 bis B7 ändern sollen? Weil Sie beispielsweise einen Zellenbezug hergestellt haben auf andere Dateien, z. B. Ihrer BWA, die Sie in elektronischer Form vom Steuerberater erhalten haben – aber dazu später mehr. Oder Sie spielen verschiedene Varianten und Annahmen gedanklich durch, wie z. B. einen unterschiedlichen Verkaufspreis oder Einkaufspreis. Wie würde sich dann der Rohertrag verändern? Durch die manuelle Veränderung von Zellen (hier: C2, D4 oder B4 bis B7) sollen die »Formel-Zellen« (hier A1 und A3) gleich automatisch das Ergebnis berechnen.

> **TIPP:**
>
> In Abbildung 15 sehen Sie, dass die Spalte A breiter als B ist. Sie können die Spaltenbreite und Zeilenhöhe verändern, indem Sie mit dem Cursor auf die Striche zwischen den Buchstaben bzw. Zahlen zeigen. Der Cursor verändert dann seine Form zu einem Kreuz. Die jeweilige Richtung, in die Sie nun den Strich mit gedrückter Maustaste ziehen können, wird Ihnen in dem Kreuz angezeigt. Gleichzeitig bekommen Sie farblich unterlegt die jeweilige Breite bzw. Höhe in Millimeter angezeigt, so dass Sie bei Bedarf die Spalten/Zeilen gleich breit/hoch ziehen können.

Möchten Sie ganze Bereiche in Spalten oder Zeilen addieren, so klicken Sie in Ihrem oberen Bereich auf das Summenzeichen »Σ«, markieren mit gedrückter linker Maustaste den gewünschten Bereich und bestätigen mit Enter. Sie sehen, dass automatisch die Summenformel und in Klammern Ihr gewünschter Bereich erscheint.

Abb. 16: Excel® – Summen-Symbol

Excel®-Funktion WENN

Eine beliebte Funktion innerhalb von Excel® ist es, Zellen in eine »Wenn-Dann-Beziehung« zu setzen. Eigentlich heißt es »sonst« statt »dann«, aber ich finde es so besser verständlich. Ich verwende dies in Verbindung mit Soll-Ist-Vergleichen. Bei einer Abweichung soll die Zelle reagieren. Mit dieser Funktion können Fälle, Bedingungen oder Funktionsfolgen definiert werden. Es wird zwischen einem wahren und einem falschen Wert unterschieden.

Beispiel: WENN die Zelle A5 größer als 1 ist, DANN schreibe »Ich bin der coolste Apotheker der Welt«, ansonsten schreibe »nochmal neu überlegen«. Die Formel bildet genau diese logische Abfolge ab, getrennt mit einem Semikolon. Korrekt ist die Verwendung von »sonst« statt »dann«.

```
=WENN(A5>1;"Ich bin der coolste Apotheker der Welt";"noch einmal überlegen")
```

Excel® – Wenn-Sonst-Beziehung

Die Zelle, die diese Formel beinhaltet, »beobachtet« also die Zelle A5 und schreibt entweder das eine oder das andere auf, je nach der Bedingung.

Regel lautet: =Wenn(Prüfung;Dann_Wert;Sonst_Wert). Texte müssen in »« eingegeben werden.
Dann_Wert ist die Regel, die ausgelöst wird, wenn die Prüfung wahr ist.
Sonst_Wert ist die Regel, die ausgelöst wird, wenn die Prüfung falsch ist.

Weiterhin brauchen Controller beim Umgang mit Geldwerten das kaufmännische Runden. Weisen Sie einer Zelle ein Währungsformat zu, so geschieht dies automatisch. In einigen Fällen – gerade bei kleinen Tabellen – wird aber nur die Zahl benötigt ohne ein Euro-Zeichen o. Ä.

Die Formel lautet dann:

Formel: =Runden(Zahl;Anzahl_Stellen)
Formel für kaufmännisches Runden:
Annahme, dass der Wert in der Zelle A1 gerundet werden soll
= WENN (A1 > 0 ; RUNDEN (A1 * -0,4 ; 0) ; 0)

Die Eingabe der Formel in die Zelle erfolgt wieder ohne Leerzeichen. Diese sind hier für eine bessere Lesbarkeit vorhanden.

Excel®-Funktion: Verknüpfung zu anderen Dateien und Bezug hier auf einzelne Zelle

Mit Excel® können Sie auf andere Tabellen-Dateien zugreifen, ohne diese immer zu öffnen. Sie können eine Verknüpfung erzeugen. Wenn Sie also beispielsweise mehrere Monatsauswertungen jeweils in einer Datei haben, so wäre es nützlich, in einer weiteren Datei Berechnungen anzustellen, die sich jeweils auf diese Dateien beziehen können.

> **Beispiel:** Bankauszug als Tabellen-Datei umwandeln:

Bei Ihrer Bank betrachten Sie online Ihre Einnahmen und Ausgaben für den aktuellen Monat. In der Regel bieten heute alle Banken an, diese Auswertungen in eine PDF-Datei (für einen Ausdruck) oder eben auch in eine Tabellen-Datei umzuwandeln. Laden Sie den Monat als die Ihnen angebotene Tabellen-Datei herunter. Speichern Sie diese Datei unter dem aktuellen Monatsnamen ab und wählen Sie gleich das richtige Excel®-Format aus:

1.: Monat im Online-Banking auswählen
2.: Als Tabellen-Datei herunterladen und auf Ihrem Rechner abspeichern (in der Regel zunächst im Ordner »Downloads«). Hier ist »CSV« auszuwählen. CSV bedeutet comma-separated values und ist ein Software-System zur Versionsverwaltung von Dateien.

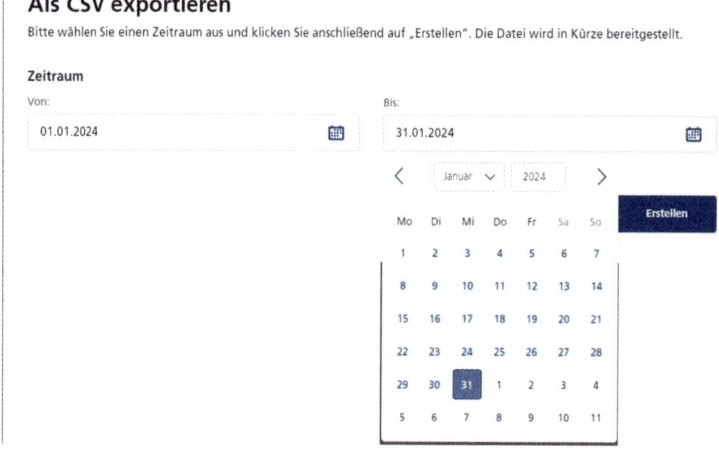

Abb. 17: Monatsauszug im Online-Banking

Die Datei, die Sie entweder unten in der Leiste bereits als Download sehen und öffnen können oder die im Ordner Downloads zu finden ist, sieht bereits wie eine Excel®-Datei aus. Beim Abspeichern in Ihren »richtigen« Bankbelege-Ordner wählen Sie aber bitte den Dateityp Excel-Arbeitsmappe aus (je nach Software-Version kann es hier zur Abweichung kommen):

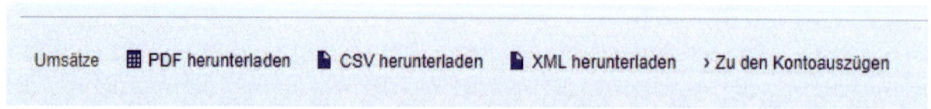

Abb. 18: Auswahlmöglichkeiten für einen Download Ihrer Auswahl im Online-Banking

Ihre Datei zeigt nun die entsprechenden Bankinformationen an. Wir möchten nun zu einer bestimmten Zelle eine Verknüpfung erzeugen, beispielsweise der Summe Ihrer Einzahlungen in diesem Monat. Noch sind aber alle weiteren Informationen auch in dieser Übersicht. Als nächsten benötigen wir eine sinnvolle Trennung.

1. Einführung: Was ist Controlling?

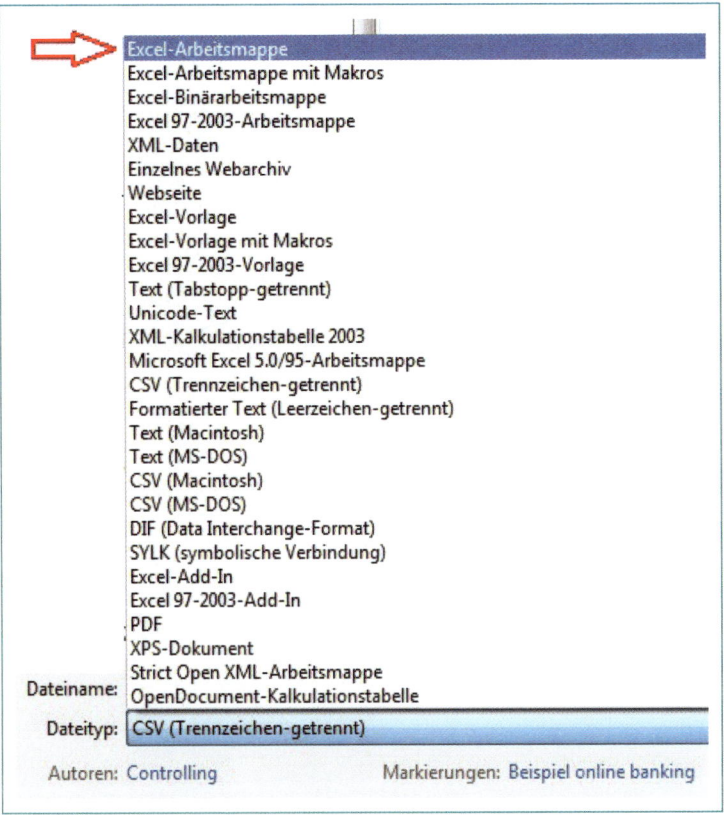

Abb. 19: Auswahl Dateitypen zum Abspeichern Ihrer Datei. Verwenden Sie »Excel-Arbeitsmappe«

Dies ist eine gute Gelegenheit, um mehr Know-how in Excel® zu erwerben. Die Datei ist relativ unromantisch von Ihrem Bankhaus benannt worden, was Sie unten an dem Karteireiter erkennen können:

Abb. 20: Benennung der Karteireiter

Mit einem Doppelklick in diesen Bereich hinein können Sie eine Umbenennung vornehmen:

Abb. 21: Umbenennung der Karteireiter

Im Moment befinden sich aber auch die Kosten innerhalb dieser Ansicht. Nutzen Sie das »+« unten, um einen neuen Karteireiter anzulegen und benennen Sie diesen zum Beispiel in »Kosten März 2025«. Mit dieser Unterteilung können in einem Reiter die Einnahmen stehen und in dem anderen die Ausgaben.

Wie bekommen wir nun die Kosten aus dieser Gesamtübersicht in den anderen Reiter?

Zunächst wird in der Regel angegeben: Umsatzauskunft – gebuchte Umsätze, Name, BLZ, Kontonummer, IBAN, aktueller Kontostand und Summe vorgemerkter Umsätze. Diese allgemeinen Informationen wiederholen sich jeden Monat, so dass Sie diese löschen können. Löschen Sie gleich die ganzen Zeilen, so dass Sie effizient weiterarbeiten können. Dies führen Sie durch, indem Sie sich mit dem Cursor auf die Zeilenzahlen stellen und mit gedrückter linker Maustaste alle Zeilen markieren, die gelöscht werden sollen. Wenn Sie jetzt Ihre »Entfernen-Taste« betätigen, verschwinden nur die Inhalte. Ganze Zeilen löschen Sie, indem Sie gleichzeitig »STRG« und »Minus-Taste« drücken.

Wenn Sie etwas versehentlich löschen, so nutzen Sie die beliebten Schnellfunktionen oben in der Leiste: Mit dem nach links gerichteten Pfeil können Sie mehrere Schritte rückgängig machen:

Abb. 22: (Ungewollte) Schritte rückgängig machen

In unserer Bank Auswertung sind nun mehrere Spalten enthalten (Buchungstag, Wertstellung, Umsatzart, Buchungsdetails, Auftraggeber, Empfänger Betrag (€), Saldo (€)). Ziel ist es, die Einzahlungen auf einem Reiter und die Auszahlungen auf einem anderen zu haben. Optimieren wir das Ganze noch um weitere Reiter »Privateinlagen« und »Privatentnahmen«. Legen Sie zunächst, wie oben beschrieben, die weiteren Reiter an und löschen Sie alle Spalten, die Sie nicht benötigen, z. B. Buchungstag, Umsatzart und Saldo. Vorgehensweise ist analog der Zeilenlöschung.

Tabelle sortieren

Markieren Sie alle Spalten. Es ist wichtig, dass nicht nur die Spalte markiert ist, die Ihre Zielsortierung abbildet, sondern alle, damit die dazugehörigen Werte mitsortiert werden. Nach-

1. Einführung: Was ist Controlling?

dem Sie dies markiert haben, klicken Sie oben in der Leiste auf die Funktion »Sortieren und Filtern« und anschließend auf »Benutzerdefiniertes Sortieren«.

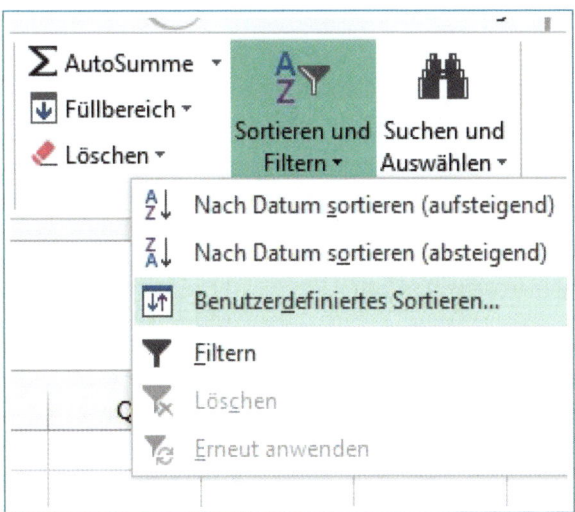

Abb. 23: Funktion Sortieren

Anschließend öffnet sich ein Fenster (Abbildung 24) und hier wählen Sie »Betrag (€)« aus. Achten Sie darauf, dass rechts oben ein Häkchen gesetzt ist bei »Daten haben Überschriften«, damit die Überschrift nicht mitsortiert wird.

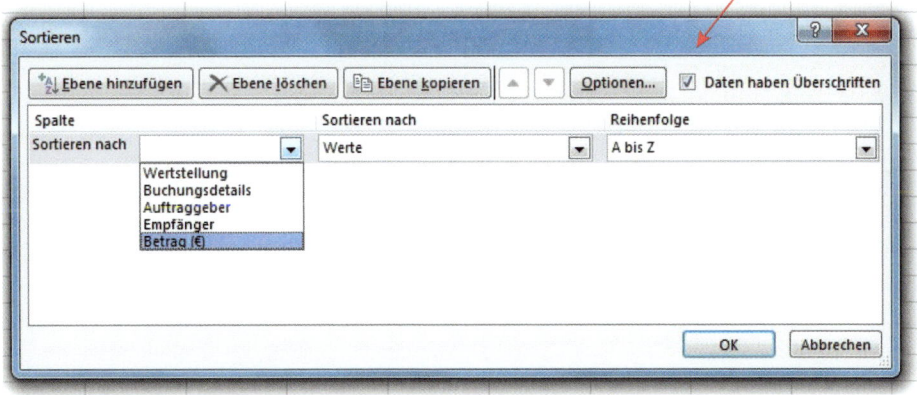

Abb. 24: Auswahl Sortieren nach

Die Tabelle ist nun sortiert, indem die Ausgaben/Kosten als Erstes erscheinen und weiter unten die positiven Geldbeträge folgen. Wir schneiden nun die negativen Geldbeträge aus dieser Tabelle heraus und fügen Sie in den Reiter »Kosten März 2025« ein.

Excel®-Fortgeschrittene nutzen zusätzlich den Bereich »Daten« und dann die Daten-Tools. Hier können Sie weitere Bedingungen definieren. Ab MS Excel 2007 können bis zu 64 Funktionen benutzt werden.

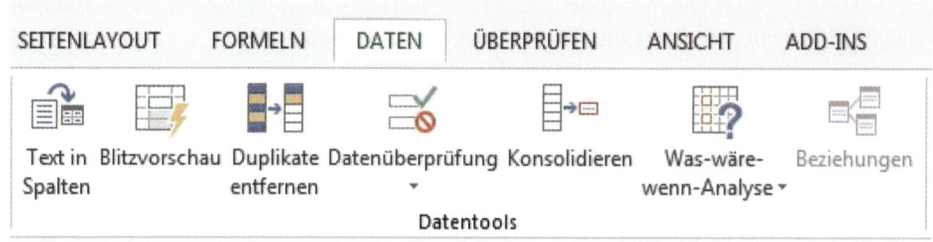

Abb. 25: Excel® – Weitere Tools

Ausschneiden und Einfügen von Inhalten

Markieren Sie die Zeilen wieder, indem Sie die Zahlen anklicken (nicht die Zellen) und mit gedrückter Maustaste die ganzen Zeilen auswählen, in denen die Kosten aufgelistet sind. Der Bereich ist nun vollständig markiert und darüber hinaus die gesamten Zeilen bis Tabellenende. Führen Sie nun folgenden Befehl aus:

Ausschneiden von Daten: STRG und gleichzeitig X.

Zu den Tasten-Kombinationen gibt es immer auch die Alternative per Auswahl in einem Menü beim Drücken der rechten Maustaste. Der markierte Bereich wird nun mit einer Strichlinie umrandet, die um die Werte »tanzt«. Obwohl Sie Ausschneiden gewählt haben, sind die Inhalte noch zu sehen; erst beim Einfügen verschwinden sie. Wählen Sie nun den Reiter aus, in dem diese ausgewählten Daten eingefügt werden sollen und klicken Sie die Zelle A1 an.

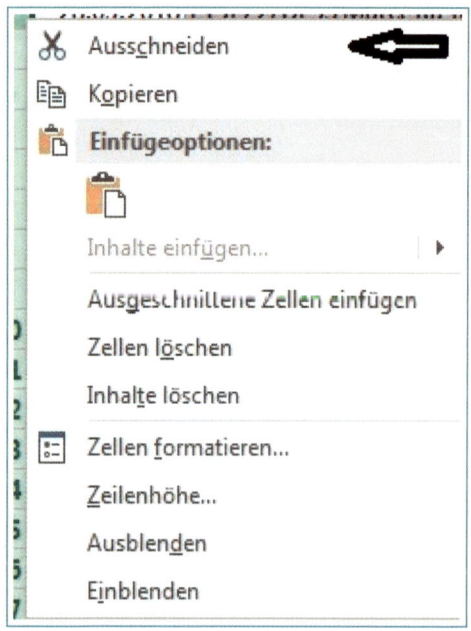

Abb. 26: Menü rechte Maustaste

Im Abbildung 26 sehen Sie nicht nur die Auswahlmöglichkeit »Ausschneiden«, sondern auch »Einfügeoptionen«. Je nach Inhalt haben Sie hier verschiedene Möglichkeiten des Einfügens:

1. Einführung: Was ist Controlling?

nur die Werte, Werte inklusive der dahinter definierten Formeln, als Bild etc. Als Fan von Tastenbefehlkombinationen empfehle ich hier die Tasten-Kombination:

Einfügen von Daten: STRG und gleichzeitig V.

Somit haben wir in den Reiter die Kosten eingefügt und im ursprünglichen Reiter ist ein markiertes »Loch« zu sehen. Dieses können Sie eliminieren, wie schon zuvor beschrieben: Zeilen löschen mit STRG und Minus-Taste. Gerne können Sie die Überschriften-Zeile kopieren und in den neuen Reiter zusätzlich einfügen.

1. Im Reiter Kosten erst eine neue Zeile einfügen: Auf die Zahl 1 stellen und STRG und Plus-Taste drücken (Einfügen von Zeilen)
2. Im ursprünglichen Reiter die ganze Überschriften-Zeile markieren (auf die Zahl klicken)
3. STRG und C drücken (Tastenbefehl für Kopieren)
4. Im Reiter »Kosten« die Überschriften-Zeile einfügen: auf die erste Zelle stellen und STRG und V drücken.

Controlling macht vor allem dann Spaß, wenn sich die Inhalte auf das Wesentliche konzentrieren und nicht zu viel Datenmüll vorhanden ist. Alle Angaben, die Ihnen wenig oder gar nichts nützen, sind Zeitdiebe. Wir können nun in beiden Reitern nach Sortierung und Trennung jeweils eine Spalte als »Zeitdieb« identifizieren: einmal bei den Einnahmen die Spalte »Empfänger« und im Reiter Kosten »Auftraggeber«. Logisch, denn es ist ja Ihr Konto und dann wäre es sogar beunruhigend, wenn dort ein anderer Name stünde. Löschen Sie bitte auch diese beiden Spalten (bitte wieder direkt auf den Buchstaben der Spaltenbezeichnung stellen und nicht die Zellen markieren).

Mit den zuvor beschriebenen Sortierfunktionen können Sie nun Ihre Tabellen beliebig sortieren. Gerade, wenn Ihnen gleiche Kunden zu unterschiedlichen Zeitpunkten unterschiedliche Beträge überwiesen haben, ist die Sortierung der Spalte »Auftraggeber« vorzunehmen. Die Schritte sind identisch, nur statt Sortierauswahl »Betrag (€)« wählen Sie »Auftraggeber« aus.

Weiter mit der Verknüpfung von Dateien

Dies war ein kleiner Ausflug zu den Sortierfunktionen während der eigentlichen Aufgabe, nämlich dem Verknüpfen zu anderen Dateien. Wir haben diese Datei mit Einnahmen und Kosten erstellt, damit wir nun in der Controlling-Kennzahlen-Datei eine Verknüpfung zu den jeweiligen Einzelzellen erstellen können. Die interessanten Einzelzellen sind aber noch nicht vorhanden, daher bilden wir noch die Summen der Einnahmen. Analog können Sie dies in den anderen Reitern umsetzen.

Klicken Sie bitte in die Zelle, in der die Summe Ihrer Einnahmen in dem Reiter «Umsatz März 2025« erscheinen soll. Wie schon oben beschrieben, verwenden Sie in der oberen Leiste das Summen-Symbol und bestätigen mit Enter. Angenommen, die Zelle, in der sich nun unsere gewünschte Summe befindet, hat die Bezeichnung D14. Auf diese Zelle soll der Bezug innerhalb einer anderen Datei genommen werden, beispielsweise einer Datei mit dem Namen: Controlling-Tabelle.

Öffnen Sie nun die Datei, in die die Inhalte eingefügt werden sollen. Entweder erstellen Sie erst eine neue Datei oder verwenden eine bestehende. Egal, an welche Stelle Sie nun die Datenverknüpfung erstellen möchten, klicken Sie in die gewünschte Zelle und anschließend:

1. Tippen Sie »=« (ohne Anführungszeichen) in die Zelle
2. Gehen in die andere Datei
3. Klicken auf die Wunschzelle, auf die die Verknüpfung basieren soll
4. Bestätigen mit Enter.

Ihre Ansicht springt automatisch in die Ausgangsdatei und Sie können dort nun die Verknüpfung sehen. In Ihrer Zielzelle befindet sich die folgende Formel:

='[NameDerDatei.xlsx] Umsatz März 2025'!$Spalte$Zeile

Nach dem Einleiten einer Funktion (=) wird mit einem einfachen Anführungszeichen in eckigen Klammern der Name der Datei aufgeführt und dahinter gleich der Reiter, Ausrufezeichen und Ende Titel wieder mit einem einfachen Anführungszeichen. Die genaue Zelle wird mit einem Dollar-Symbol ($) jeweils bei Spalten- als auch bei Zeilenbezeichnung gesichert (Erklärung hierzu im nächsten Abschnitt).

Weiterführen und Fixieren ($-Funktion) von Zellen:

Diese Funktion ist sehr wichtig! Stellen Sie sich vor, Sie möchten nicht nur die Verknüpfung auf eine bestimmte Zelle in Ihrer Datei erstellen, sondern auf die ganze Zeile, ganze Spalte oder einen bestimmten Bereich. Damit Sie nicht immer in jede Zelle die Formel neu eintragen müssen, erkennt das System, dass eine Zelle logisch fortgesetzt werden kann.

Einfachste Form ist die logische Fortführung einer Aufzählung. In Zelle A1 ist beispielsweise Montag, den Sie noch »händisch« eingetippt haben, so soll aber schon in Zelle A2 automatisch der Dienstag erscheinen. Hierzu bitte ich Sie erneut auf Abbildung 14 auf Seite 23 zu schauen. Die markierte Zelle hat unten rechts eine besonders hervorgehobene Ecke. Klicken Sie nun auf diese Ecke in der Zelle A1 und halten die linke Maustaste gedrückt, ziehen nach rechts oder nach unten, so füllt das System die logische Fortsetzung aus.

Bei Zahlen braucht Excel® erst ein Muster. Würden Sie in der Zelle nur eine 1 haben, so würde die Software beim Ziehen die weiteren Zellen mit Einsern füllen. Daher schreiben Sie in die Zelle A1 eine 1 und in die Zelle A2 eine 2, markieren beide Zellen und werden jetzt beim Ziehen und gehaltener Ecke die Nummerierung fortgesetzt bekommen.

Möchten Sie eine automatische Fortführung eben nicht haben, klicken Sie auf die hervorgehobene Ecke und halten gleichzeitig die STRG-Taste gedrückt, so wird nur der Inhalt kopiert. Beim obigen Beispiel hätten Sie jetzt also in den weiteren Zellen auch »Montag« stehen.

Das Fixieren in eine Richtung ist gerade bei Formeln, die sich auf mehrere Zellen in verschiedenen Spalten beziehen, sehr wichtig – gerade beim klassischen Dreisatz. Wenn Sie Zellen fortführen möchten und sich die Formel immer nur auf eine bestimmte Basiszelle beziehen soll, wird diese Zelle in der Formel mit einem $-Zeichen fixiert.

Ist das $-Zeichen vor dem Buchstaben ($A1), können Sie die Zelle mit Ihrer Formel beliebig fortführen über mehrere Spalten hinweg, so bezieht sich aber die Formel immer nur auf die fixierte Zelle. Würden Sie aber Ihre Formel-Zelle nach unten hin fortführen wollen, so wird auch die Basiszelle nicht mehr betrachtet, sondern die Zellen darunter.

1. Einführung: Was ist Controlling?

Möchten Sie, dass nur die Zeile fixiert wird, wünschen aber die Fortführung über Spalten hinweg, fügen Sie das $-Zeichen vor der Zahl ein (A$1). Jetzt können Sie Ihre Formel-Zelle nach unten fortführen, aber der Bezug bleibt auf der ersten Zelle. Das Fortführen über Spalten hinweg funktioniert aber.

Meist ist jedoch die Fixierung sowohl für Spalte als auch Zeile notwendig, weil man sich nur auf diese eine bestimmte Zelle beziehen möchte – eben der klassische Dreisatz. In unserer Beispielübung soll auf die Basis »100 %« und auf die Basis »Jahresumsatz« (später »Rohertrag«) gerechnet werden. Hier müssen die jeweiligen Basiszellen fixiert werden, damit beim Fortführen der Formel über die Zeilen hinweg immer der Jahresumsatz und immer die 100 zum Rechnen verwendet werden. Steht also der Euro-Wert des Jahresumsatzes beispielsweise in Zelle B2, so muss in der Formel, die in der C-Spalte eingetragen wird, die Fixierung so lauten: $B$2. Würden Sie die Formel in C3 ohne die Fixierung eintragen und mit Enter bestätigen, so würde in C3 zwar noch das richtige Ergebnis stehen, aber beim Fortführen würden sich die Prozentergebnisse der Raumkosten nicht mehr auf den Jahresumsatz beziehen, sondern auf die Zelle darunter, nämlich den Wareneinsatz.

Darüber hinaus braucht unsere Formel in C3 auch die Fixierung der Basis 100 (%):$C$2. Ohne diese Fixierung würde sich wieder die nächste Formel beim Fortführen auf den Wareneinsatz-Prozentwert beziehen.

Formel für die Prozentberechnung in Zelle C3: = C 2 ÷ B 2 x B2 (ohne Leerzeichen)

Beispiel und Übung:
Bereiten Sie eine Tabelle vor, wie in Abbildung 27 zu sehen ist: In Spalte A lassen Sie die Zelle A1 frei und daneben definieren Sie die Überschriften für Spalte B (»€«) und C (»%«). Ab A2 tippen Sie untereinander die Begriffe ein: Jahresumsatz, Wareneinsatz, Raumkosten, Personalkosten. Da sich die Kosten auf den Jahresumsatz beziehen sollen, bildet er die Basis 100 und so tragen Sie noch »100« in C2 ein.

	A	B	C
1		€	%
2	Jahresumsatz		100
3	Wareneinsatz		
4	Raumkosten		
5	Personalkosten		
6			
7			

Abb. 27: Zwischenergebnis Übung Zellen fortführen und fixieren

Anschließend benötigen Sie:
Zelle B2 beinhaltet Ihren Jahresumsatz in €
Zelle B3 beinhaltet Ihren Wareneinsatz in €
Zelle B4 beinhaltet Ihre Raumkosten in €
Zelle B5 beinhaltet Ihre Personalkosten in €

Zelle C2 zeigt 100 an (für Prozent)
Zelle C3 errechnet die Prozentzahl
Zelle C4 errechnet die Prozentzahl
Zelle C5 errechnet die Prozentzahl

Aufgabe 1:
Tragen Sie in Zelle C3 eine Formel ein, die Ihnen den Wareneinsatz in Prozent von Hundert (C2) darstellt, sobald dort die Euro-Werte von Ihnen ergänzt werden. Dies kann durch manuelles Eintragen erfolgen oder wieder durch den Bezug auf eine andere Tabelle, die automatisch Ihren Wareneinsatz generiert.

Aufgabe 2:
Ergänzen Sie für die Zellen C4 und C5 ebenfalls die prozentuale Berechnung unter Anwendung des $-Zeichens zur Fixierung der Bestandszellen, die für die Berechnung des Dreisatzes notwendig sind. Ziel ist es, nicht jedes Mal die Formel aus C3 eintippen zu müssen, sondern durch das Fortführen dieser Zelle automatisch die richtigen Ergebnisse zu erzielen.

Aufgabe 3:
Fügen Sie eine Zeile unterhalb des Wareneinsatzes ein, um den Rohertrag zu ergänzen. Schreiben Sie die entsprechende Bezeichnung »Rohertrag« in A4. Achtung: Hieraus entsteht eine neue Zeilen-Spalten-Bezeichnung (alles ab A/B/C4 wird um eine Zahl höher; A/B/C5).

Aufgabe 4:
Tragen Sie in die neue Zelle C4 eine Formel ein, die Ihnen den Rohertrag in Prozent von Hundert darstellt. Weiterhin tragen Sie in B4 eine Formel ein, die automatisch den Euro-Wert berechnen soll.

Aufgabe 5:
Besonders sinnvoll ist es, die Kosten ins Verhältnis zum Rohertrag zu setzen statt zum Umsatz und daher bilden Sie zum Abschluss eine neue Spalte und setzen die Kosten ins Verhältnis zum Rohertrag. Um die Prozentangaben nicht zu verwechseln, definieren Sie eine sinnvolle Überschrift.
Die Lösung zu dieser Übung finden Sie im Anhang ab der Seite 131.

 Als eine weitere Übung erstellen wir eine neue Datei, die Controlling-Tabelle. Sie soll einerseits Zellenbezüge aufweisen und andererseits Formeln und Kennzahlen beinhalten. Im ersten Reiter erstellen wir die Datenbasis mit den Ist-Werten »Einnahmen 2025«. Unser bisheriges Beispiel zeigt den März 2025, aber selbstverständlich soll die Controlling-Tabelle alle Monate abbilden.

 Excel®-Funktion »Autofill«: Aus dem Januar alle weiteren Monate bis Dezember generieren, ohne es einzeln zu tippen:

 Schreiben Sie in der Controlling-Tabelle in die Zelle B1 »Januar« (ohne Anführungszeichen) hinein und bestätigen mit Enter. Klicken Sie erneut auf diese Zelle, so dass sie markiert/aktiv ist, und Sie sehen, dass die untere rechte Ecke größer erscheint. Stellen Sie den Mauszeiger darauf und Ihr Cursor-Zeichen verändert sich zu einem kleinen Kreuz. Halten Sie nun die linke Maustaste gedrückt und ziehen über die Spalten nach rechts. Die Zellen füllen sich mit den fortlaufenden Monaten und dabei bekommen Sie immer den Füllinhalt als Vorschlag in einem grauen Feld darunter angezeigt (Abbildung 28). So sehen Sie den Dezember und können die Markierungstätigkeit beenden.

1. Einführung: Was ist Controlling?

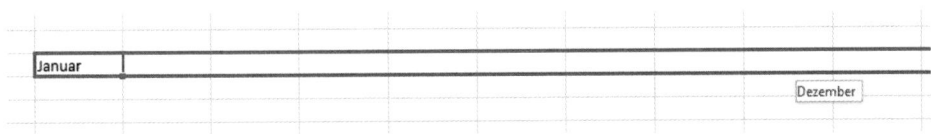

Abb. 28: Auto-Ausfüllen

Endlich können wir beim März unseren Zellenbezug zu der Datei mit den Bank-Daten erstellen. Sollte das noch nicht geschehen sein, öffnen Sie die Datei mit Ihren Bankdaten. In der Controlling-Tabelle stellen Sie sich in die Zelle D2, was nach der bisherigen Logik die März-Spalte sein müsste. Alle Formeln und Befehle beginnen mit einem Ist-Gleich-Zeichen und so starten auch wir mit »=«. Wechseln Sie jetzt in die Datei mit Ihren März-Bankdaten und klicken dort auf die Zelle, in der sich die Summe der März-Einnahmen befindet. In unserem Beispiel ist es die Zelle D14. In dem Augenblick, wo Sie dies durchführen, wird die Zelle wieder »tanzend« umrandet, Sie verbleiben jedoch noch in der aktuellen Datei. Erst mit dem Bestätigen (Enter) wechselt Excel® automatisch zurück in die Controlling-Tabelle. Sie sehen nun im März den Wert aus der anderen Datei.

Das Tolle an dieser Funktion ist, dass nach einer Zahlenänderung in Ihrer ursprünglichen Datei kein manuelles Nachkorrigieren notwendig ist. Beim Öffnen der Controlling-Tabellen-Datei erkennt das System automatisch, dass ein Zellenbezug zu einer anderen Datei vorliegt und Sie erhalten eine Abfrage, ob Sie die Aktualisierung annehmen möchten.

Organisatorische Funktionen
Im Controlling haben Sie durchaus auch Kennzahlen zu Laufzeiten, Zahlungszielen oder/und Planung und auch hier hat Excel® sinnvolle Hilfen für Sie. Im Wesentlichen werden diese genutzt, um gezielt ein Datum aus Datengruppen zu ermitteln, zum Beispiel alle Werte vom März 2025 oder alle Werte jeden 1. eines Monats etc.

Datum automatisch erstellen

Formel: =Datum(Jahr;Monat;Tag)

Umsetzungsbeispiel:
Sie haben eine Datei, in der Sie die Zahlungseingänge kontrollieren. In einer Zelle haben Sie einen Zellenbezug zu der Datei, in der Sie die Rechnungsdaten pflegen. In der weiteren Zelle tragen Sie das Zahlungsziel ein. In der nächsten Zelle generieren Sie wieder einen Zellenbezug zu Ihren Bank-Daten und richten einen Soll-Ist-Vergleich ein. Bilden Sie die Differenz und treffen eine Entscheidung, ab wie vielen Tagen Sie reagieren möchten. In der letzten Zelle richten Sie sich eine »Wenn-Funktion« ein, bei der Sie einen Befehl definieren, wie zu reagieren ist. In diesem Fall wird unterstellt, dass bis zu 5 Tagen nichts passiert, aber ab dem 5. Tag negativer Differenz (Kunde zahlt nicht pünktlich) erscheint ein »!«. Die Zelle ist rot und fett markiert, so dass der Eintrag besser auffällt. In Abbildung 29 sehen Sie die hinterlegten Formeln.

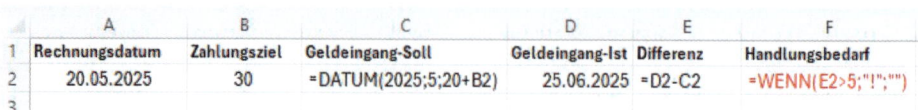

Abb. 29: Datum-Verwendung

Ändert sich das Datum in der Zelle A2 laufend, so kann auch in der Zelle C2 der Befehl eingegeben werden: =A2+B2.

Schließlich eliminieren wir noch einen kleinen optischen Zeitdieb: Die Spalte E ist nur für interne Zwecke notwendig und muss nicht sichtbar sein.

Spalten oder Zeilen ausblenden
Stellen Sie sich in unserem Fall auf den Buchstaben der Spalte, die ausgeblendet werden soll, klicken Sie die rechte Maustaste, wählen Sie im Menü »Ausblenden«. Somit ist die Spalte versteckt, aber der Formelbezug aus anderen Zellen kann immer noch darauf zugreifen. Der Trennstrich zwischen den Spaltenbezeichnungen hat sich verbreitert.

Möchten Sie die Spalten oder Zeilen wieder einfügen, so stellen Sie sich mit dem Cursor auf den Doppelstrich und wählen mit der rechten Maustaste wieder das gleiche Menü, drücken jetzt aber auf »Einfügen«

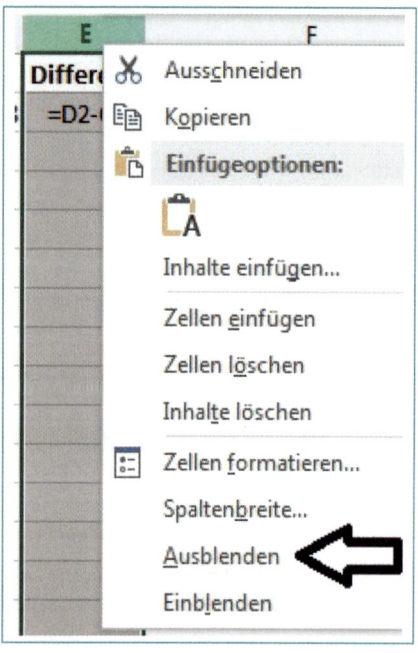

Abb. 30: Spalten/Zeilen ausblenden

Heute- und Jetzt-Funktion
Die Funktionen ermöglichen es, zum heutigen Tag weitere Tage zu addieren (oder zu subtrahieren) oder sogar die Uhrzeit zu berücksichtigen. In der Regel gibt eine Zelle das Standard-Da-

tum an und in den Zeilen oder Spalten addieren (oder subtrahieren) Sie beispielsweise jeden 5. Tag dazu.

Formel für Standard-Zelle: =HEUTE()

Formel für Datumserweiterung um jeweils 5 Tage: =HEUTE() +5

Die Funktion hat als Ergebnis die fortlaufende Zahl des aktuellen Datums. Durch Addition oder Subtraktion hinter dieser Funktion wird das Datum verändert. Hier: =Heute()+5 zeigt immer das Datum in 5 Tagen an. Ist es für Sie entscheidend, dass auch die Uhrzeit erscheint, so ist die Vorgehensweise analog, nur wird statt »HEUTE« »JETZT« verwendet.

Es gibt noch sehr viele weitere nützliche Funktionen. Benötigen Sie hier weitere Hilfe, so nutzen Sie das Hilfsmodul im Programm selbst, das Sie rechts oben beim Anklicken des Fragezeichens aktivieren oder nutzen zum Beispiel YouTube, wo Sie zu allen Fragen der Welt hilfreiche Kurzvideos finden.

Diagramme
Das ganze Glück eines jeden Excel®-Fans ist die Umsetzung von Zahlenmaterial in Diagramme. Bitte beachten Sie auch hier, dass Inhalte wichtiger sind als schönes Design. Aus dem Zeitmanagement heraus weise ich auf das Pareto-Prinzip hin und hoffe, dass Sie nicht 80 Prozent Ihrer Zeit für Formatierung aufwenden, während nur 20 Prozent Ihrer Zeit für die eigentliche Aussage zur Verfügung standen.

Nutzen Sie dazu in der Registerkarte EINFÜGEN oben in Ihrer Leiste den Menüuntergruppe Diagramme (Abbildung 31).

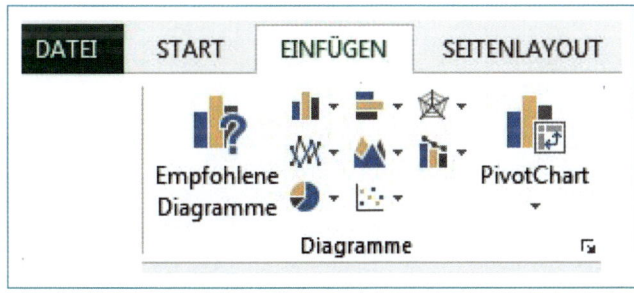

Abb. 31: Diagramme einfügen

Beispiel: Säulendiagramm zum Korbumsatz je Mitarbeiter:

Sie beobachten zur besseren Erfolgssteuerung der Umsätze den Korbumsatz je Mitarbeiter. Wieder benötigen Sie den Zellenbezug auf die Dateien, die Ihnen die Kassenumsätze einerseits und andererseits die Kundenströme abbilden. Alle derzeit gängigen Systemanbieter in den Apotheken bieten Ihnen die Möglichkeit zur Umwandlung von Daten in tabellen-basierte Dateien an und ermöglichen deren Export für das Abspeichern auf einen weiteren Datenträger. Fragen Sie hierzu Ihren Software-Anbieter.

Bilden Sie analog eine Spalte mit Ihren Mitarbeitern und erfassen Sie in der Horizontalen des Abbildung 32 die monatlichen Werte. Markieren Sie anschließend die gesamte Tabelle und gehen oben in der Leiste unter »Einfügen« auf »Diagramme« und dort auf »Säulendiagramm«. Das System ist clever genug, um aus dem markierten Bereich ein Diagramm zu erstellen, so dass die Zeitkomponente mit den Mitarbeitern als Koordinatorwerte verbunden wird. Sie können auch einfach ALT+F1 drücken, damit Excel automatisch ein einfaches Säulendiagramm erstellt.

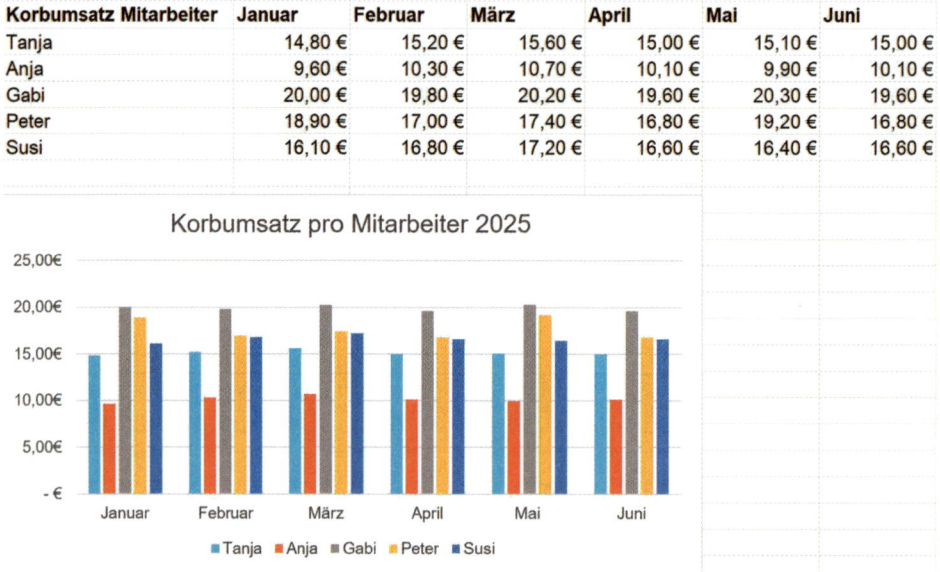

Abb. 32: Säulendiagramm Korbumsatz je Mitarbeiter

Klicken Sie in das Diagramm hinein, können Sie noch den Titel anpassen oder z. B. andere Farben zuordnen. Sie können Farben, Linienarten und Linienstärken verwenden, um Diagrammelemente hervorzuheben. Weiterhin können Sie Spezialeffekte wie Schatten, Spiegelung, Leuchten, weiche Kanten, Abschrägung und 3D-Drehung verwenden. Klicken Sie direkt auf eine Säule, so ist sie markiert; gleichzeitig wird in Ihrer Tabelle der Bereich markiert, auf den sich die Säule bezieht. Auch hier können individuelle Formatierungen vorgenommen werden. Wenn Sie Spaß daran haben, werden Sie sicherlich noch viele weitere Feinheiten entdecken. Nachfolgend finden Sie weitere Diagramm-Beispiele.

1. Einführung: Was ist Controlling?

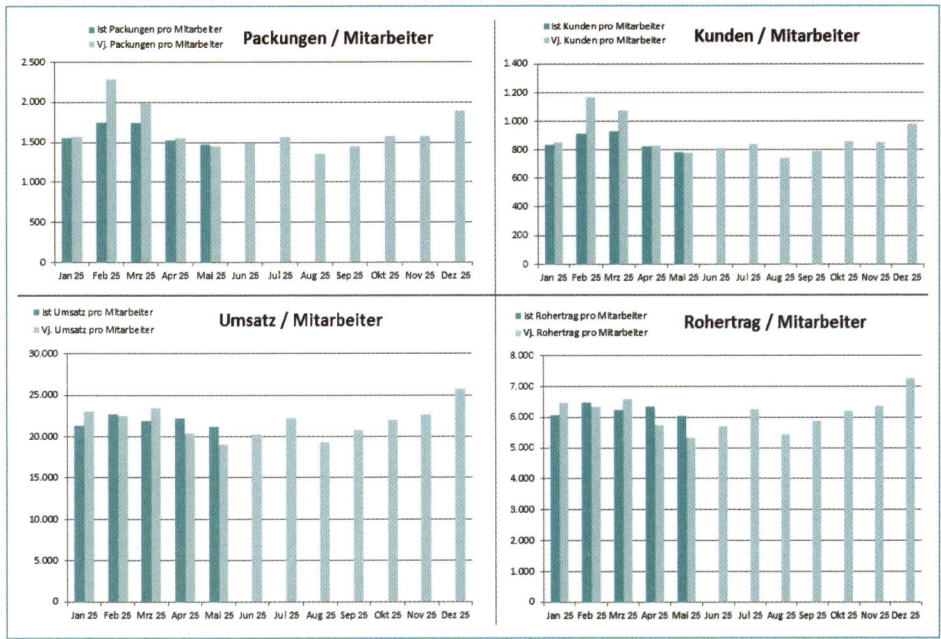

Abb. 33: Excel®-Auswertung verschiedener Kennzahlen

Abb. 34: Business-Plan kurzfristig

Mittelfrist-Planung:						
Jahr	2021	2022	2023	2024	2025	
Umsatz	1.475	1.400	1.420	1.450	1.500	Tsd. Euro
Rohgewinn	413	371	362	363	375	Tsd. Euro
Gesamtkosten vor AfA	293	273	273	267	267	Tsd. Euro
Netto-Handelsspanne	28,00	26,50	25,50	25,00	25,00	%
Kostenaufteilung absolut:						
Personalkosten	160,0	145,0	145,0	140,0	140,0	Tsd. Euro
Sachkosten ohne Miete	75,0	70,0	70,0	70,0	70,0	Tsd. Euro
Miete	40,0	40,0	40,0	42,0	42,0	Tsd. Euro
Zinsen	17,5	17,5	17,5	15,0	15,0	Tsd. Euro
AfA	25,0	25,0	25,0	25,0	15,0	Tsd. Euro
ggf. Pacht	0,0	0,0	0,0	0,0	0,0	Tsd. Euro
in Umsatz-%:						
Gesamtkostensatz vor AfA	19,83	19,46	19,19	18,41	17,80	%
Personalkosten	10,85	10,36	10,21	9,66	9,33	%
Sachkosten ohne Miete	5,08	5,00	4,93	4,83	4,67	%
Miete	2,71	2,86	2,82	2,90	2,80	%
Zinsen	1,19	1,25	1,23	1,03	1,00	%
AfA	1,69	1,79	1,76	1,72	1,00	%
ggf. Pacht (in Umsatz-%)	0,00	0,00	0,00	0,00	0,00	%
Gewinne / Einkommen:						
operativer Gewinn	120,5	98,5	89,6	95,5	108,0	Tsd. Euro
minus AfA	25,0	25,0	25,0	25,0	15,0	Tsd. Euro
minus Freibeträge, Vorsorgepauschale etc.	10,0	10,0	10,0	10,0	10,0	Tsd. Euro
= zu versteuerndes EK, ca.	85,5	63,5	54,6	60,5	83,0	Tsd. Euro
... Einkommensteuer inkl. Soli, ohne Kirchensteuer	23,8	14,5	10,5	12,4	20,6	Tsd. Euro
= Netto (1) vor Tilgungen, Vorsorge p.a.	96,7	84,0	79,1	83,1	87,4	Tsd. Euro
plus ggf. Zuschüsse, Kindergeld etc. p.a.	9,0	9,0	9,0	9,0	6,0	Tsd. Euro
minus Tilgungen, privat und betrieblich, p.a.	20,0	20,0	20,0	20,0	20,0	Tsd. Euro
minus private Kreditzinsen, p.a.	0,0	0,0	0,0	0,0	0,0	Tsd. Euro
minus eig. Vorsorge (Rente, Krankenk. ...), p.a.	15,0	15,0	15,0	15,0	15,0	Tsd. Euro
= Nettoeinkommen (2), frei verfügbar p.a.	70,7	58,0	53,1	57,1	58,4	Tsd. Euro
= ca. netto monatlich, in Euro	5.892	4.835	4.427	4.756	4.865	Euro

Abb. 35: Business-Plan mittelfristig

Ein Beispiel für eine eigene Kennzahlentabelle als Management Summary (wichtigste Informationen auf einer Seite) finden Sie auf Seite 43. Das Erstellen von Tabellen und Balkendiagrammen haben Sie zuvor schon kennengelernt. Als Einziges fehlt hier noch die Einbettung der Wetter-Information. Dies können Sie je nach technischem Aufwand direkt als Link zu einem Wetteranbieter im Internet darstellen oder als Screenshot. Ich bevorzuge den Screenshot, weil häufig das Ergebnis optisch besser ist und auch sichergestellt ist, dass es zum genannten Datum unverändert bleibt und eine Historie somit fix dokumentiert ist.

Wenn Sie Freude an Excel® gewonnen haben, so ist auch hier das Netz ein Segen geworden. Auf Instagramm finden Sie kostenlos großartige Tipps von Profis, um dann auch Ihre Tabellen zu verschönern und effizienter zu gestalten. Ich folge „excel.profis" und kann es nur empfehlen.

1.1 »Sinnvolles« Controlling in Apotheken

Im Grunde ist es für jede Apotheke sinnvoll, Controlling zu betreiben. Die erfolgreichen Apotheken möchten ihre Effizienz möglichst noch steigern und optimieren, die Apotheken in wirtschaftlicher Notlage müssen möglichst schnell Zusammenhänge erkennen. In der Praxis zeigt sich, dass häufig der Inhaber, der mit den Controlling-Aufgaben alleine betraut ist, aus Zeitmangel nicht alle sinnvollen Maßnahmen umsetzen kann. Daher beantwortet sich die Frage nach der Sinnhaftigkeit nicht nach der Art der Apotheke, sondern vielmehr anhand des Zeitpensums, das dafür zur Verfügung steht. Erstrebenswert ist die Delegation der Controlling-Aufgaben, so dass der Inhaber letztendlich nur Konsequenzen abzuleiten braucht. In großen Konzernen berechnet das Management ebenfalls nicht die Kennzahlen selbst, sondern beschäftigt eine ganze Maschinerie, um alle relevanten Informationen effizient zu gewinnen, auszuwerten und zu analysieren. Daraus erst leitet das Management die Entscheidungen ab. Ähnlich sollte es auch in Apotheken funktionieren. In der Praxis kann häufig natürlich aus finanziellen Gründen kein eigener Controller beschäftigt werden; dass der Chef alles selbst macht, ist aber auch keine Lösung.

Wie soll also das Controlling in einer Apotheke aussehen? Sie werden später noch über den Aufbau und die Implementierung lesen, hier sei jedoch schon einmal deutlich gesagt, dass Controlling vor allem als ein pro-aktives Steuerungsinstrument zu sehen ist und nicht als ein reines Kontrollwesen. In der Praxis erlebe ich überwiegend die Kontrolle von Monatswerten aus den vorliegenden betriebswirtschaftlichen Analysen (BWA/IBV), also den retrograden Blick auf die Kennzahlen. »To control« bedeutet jedoch nicht »kontrollieren«, sondern steuern! Natürlich sind Vergangenheitswerte wichtig, um Tendenzen abzuleiten und Maßnahmen für die Zukunft zu ergreifen. Sie sollten sich aber nicht nur darauf konzentrieren, sondern aktiv handeln und sich Ziele setzen, die Sie nach Ihrem besten Wissen und Gewissen verfolgen.

EINE KLEINE GESCHICHTE ZUM SINNVOLLEN, ABER AUCH PRO-AKTIVEN CONTROLLING

Ein wunderschönes Beispiel gibt uns die amerikanische Supermarktkette Walmart. Diese Geschichte gilt als eine Legende im Zusammenhang mit Warenwirtschaftssystemen und brilliert als Beispiel für pro-aktives Controlling.

Der amerikanische Supermarkt-Kunde reagiert beim Einkauf sehr viel sensibler auf das Vorhandensein von Waren in den Regalen als der europäische Verbraucher. Ist ein bestimmtes Produkt nicht auf Lager, kann es dort passieren, dass der Kunde beleidigt seinen Einkaufswagen im Supermarkt stehen lässt und den Laden verärgert verlässt. Daher ist es besonders vor dem Hintergrund wichtig zu wissen, wie viel Ware noch auf Lager ist. Die Warenwirtschaftssysteme bieten als Dienstleistung an, über Scanner zu erfassen, was geliefert ist, und an der Kasse zu ermitteln, was den Laden wieder verlassen hat. Dazwischen ist eine Software geschaltet, die den Supermarkt-Manager darüber informiert, wie der aktuelle Lagerbestand ist und wann was nachbestellt werden muss (gerne vergleichbar mit den Kommissionierern in der Apotheke). Und so ergab es sich, dass Freitag am späten Nachmittag immer ein bestimmtes Produkt so gut wie »out of stock« war – also fast ausverkauft. Können Sie sich vorstellen, um welches Produkt es sich gehandelt haben könnte? Der Freitagnachmittag lässt Party- oder Grillwaren vermuten, aber nein... es waren Windeln! Das Walmart-Controlling wollte nun nach Ursachen forschen und stellte Beobachter im Markt auf, die feststellen sollten, welche Zielgruppe diese Käufe tätigt. Es waren nicht Mütter mit Kinderwägen, sondern (vorwiegend junge) Männer (=Väter?). Und nun wurde eine Entscheidung getroffen, die zu enormen Mehreinnahmen (Umsatzsteigerung von ca. 27 %) geführt hat. Was würden Sie als Marktleiter an dieser Stelle machen? Die Lösung: Man verlegte six-packs Bier in die Windel-Abteilung! Ein sehr interessanter Anblick, zwischen Puderchen und Windelchen das Bier (und weitere Party-Artikel) stehen zu sehen. Und genau richtig, denn bekanntlich kauft der Mann (Jäger) anders als die Frau (Sammlerin) ein. Er hat wahrscheinlich als Anruf auf der Arbeit von zu Hause den Auftrag bekommen, noch Windeln (zur Sicherheit) fürs Wochenende mitzubringen, und dies tat er auch. Typisch ist dann, dass der Mann nur das kauft und dann gezielt zur Kasse geht. Oder haben Sie einen Mann schon mal beim Gemüse stöbern sehen? Nein, Scherz beiseite. Hier stehen viele verkaufspsychologische Studien dahinter, und es wäre nicht klug, nur mit Pauschalen zu hantieren. Dennoch hielt es das Management für wahrscheinlicher, dass der Mann unter den einen Arm die Windeln klemmt und unter den anderen das Bier und sich dann erst zur Kasse aufmacht. Eine Umsatzsteigerung in mehrfacher Millionenhöhe! Ist das nicht wundervoll?

In dieser Geschichte arbeitet sowohl das Controlling als auch das Produktmanagement gemeinsam. Der Controller war dafür zuständig, Ursachen zu finden und pro-aktiv Hinweise zu geben, und das Produktmanagement weiß, was der Mann fürs Wochenende braucht, und zusammen erzielten sie diese enorme Erfolgssteigerung.

Quelle: https://www.forbes.com/forbes/1998/0406/6107128a.html#197f42bb6260, 18.8.2018

Was können Sie hieraus für die Apotheke mitnehmen? Seien Sie wachsam und nehmen Sie sich zum Ziel, nicht immer nur zu reagieren, sondern auch mal mutig und aktiv Entscheidungen zu treffen. Die in diesem Buch vorgestellten Kennzahlen werden Ihnen helfen, Trends zu erkennen und werden Sie dazu in die Lage versetzen, effizienter zu arbeiten. Die Konzentration sollte stets zunächst der Gewinnerzielung gelten, gefolgt von Sicherung Ihrer Liquidität. Erst dann folgen alle weiteren Kennzahlen und Maßnahmen. Teilen Sie sich daher Ihre Zeitreserven mit dieser Gewichtung sinnvoll ein.

1.2 Controlling unter verschiedenen Blickwinkeln

Blickwinkel: Sie sind mit Ihrer Apotheke eine Art Multi-Unternehmer und beschäftigen einen oder mehrere Controller/ kaufmännischen Leiter

Ja, go for it! Legen Sie zu Beginn zusammen fest, welche Kennzahlen und Auswertungen Sie wann sehen möchten, und nur in Ausnahmefällen sollten Sie zur Intervention angesprochen werden (management by exception). Achten Sie darauf, dass die Berichtsabstände lang genug sind. Auch hier ist das persönliche Empfinden zu der Zahlenmenge wichtig und nicht pauschal handzuhaben. Daher ist die Erstarbeit zur Eingrenzung der Inhalte, Menge und Berichtszeiträume immer individuell von Standort zu Standort unterschiedlich. Ist es dann so weit, so soll Ihr Controller die Zahlen in einer Art »Management Summary« zusammenstellen, so dass Sie auf einer DinA4-Seite den gesamten Überblick haben. Auf den nachfolgenden Seiten sollen die Hintergrundinformationen zur Verfügung stehen, aber dennoch sollte das Wesentliche so aggregiert sein, dass Sie nicht ständig nachblättern müssen.

1. Einführung: Was ist Controlling?

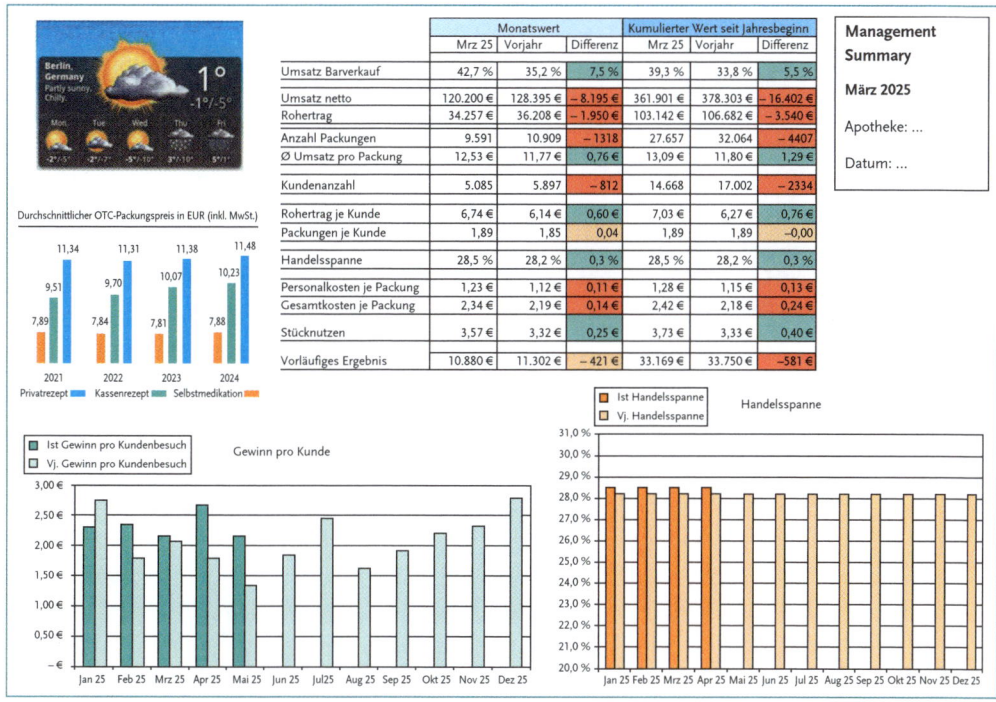

Abb. 36: Beispiel für eine Management Summary

Die Inhalte einer Management Summary hat der Entscheider festzulegen. Die hier zusammengestellten Informationen sind beispielhaft. Wegen der unterschiedlichen Lagen und Ausrichtungen von Apotheken ist eine pauschale Empfehlung nicht ratsam. Hier ein Auszug der denkbaren Informationen, die als Zusammenfassung in einer Management Summary stehen sollten:

- Stammdaten (Standort, Datum),
- Wetter gerne als kleine Grafik und sinnvoll mit Vorjahresvergleich als Zahl in Klammer dazu,
- Umsatzerlöse non-Rx (netto),
- Rohertrag non-Rx,
- Anzahl Packungen Rx (GKV/PKV),
- Kundenzahl,
- Anzahl Notdienste,
- Neukunden,
- Handelsspanne,
- Gewinn (Betriebsergebnis) pro Kunde,
- Personalkosten je Packung bzw. in % vom Rohertrag,
- Gesamtkosten je Packung bzw. in % vom Rohertrag,
- Betriebsergebnis (reine Apothekentätigkeit ohne sonstige Effekte),
- Unternehmensergebnis (nach Steuern, nach kalkulatorischem Unternehmerlohn),
- Lagerwert,

- Lagerumschlag,
- Durchschnittlicher Stücknutzen,
- Sonderinformationen/besondere Ereignisse,
- Personaleinsatz /-kosten.

Die meisten Werte können sowohl als Zahl als auch als Grafik angegeben werden. Denkbar ist ein jeweiliger Vorjahreswert zum Vergleich als eine Angabe in Klammer dazu. Auch hier gibt der Entscheider den Wunsch vor.

Besonderheit: Besonders wertvoll ist diese Zusammenfassung, wenn wieder statt des reinen retrograden Blickes der Soll-Ist-Vergleich abgebildet wird.

Blickwinkel: Sie sind Manager und Controller in Personalunion
Wenn Sie alles in einer Person sind, stellt sich die Frage, wie viel Zeit Ihnen für Controlling-Aufgaben zur Verfügung steht. Definieren Sie Prioritäten innerhalb Ihres Tagesablaufs und Ihrer Tätigkeiten als Manager des Unternehmens Apotheke. Die Kunst liegt darin, aus der Menge an möglichen Informationen nur das Wichtigste herauszufiltern und nicht zu viele Kennzahlen zu berechnen. Das Umsetzen von Maßnahmen muss nämlich auch sichergestellt sein! Es empfiehlt sich vor allem die regelmäßige Betrachtung der Umsatzstruktur/Kundendaten und der Kostenblöcke. Wenn Sie keine großen Schwankungen in der Personalstruktur haben, reicht eine halbjährige Betrachtung aus und die Umsatz- und Kundenbetrachtung einmal im Quartal.

Blickwinkel: Sie sind Filialleiter/Stellvertreter und dürfen Controlling-Tätigkeiten durchführen
Hier stellt sich die Frage, inwieweit Sie Einblick in die monatliche betriebswirtschaftliche Auswertung haben und – wie auch schon im Falle des Inhabers – wie viel Zeit Ihnen für Controlling zur Verfügung steht. Wählen Sie zwischen den ersten beiden Perspektiven und stellen Sie darüber hinaus sicher, dass die Verteilung von Kosten und des kalkulatorischen Unternehmerlohns nachvollziehbar und plausibel für Sie ist. Falls Kosten nicht nach tatsächlichem Aufwand auf Filialen umgelegt sind oder mittels eines falschen Verteilungsschlüssels, so ergibt eine Controlling-Tätigkeit hier nur bedingt Sinn.

Blickwinkel: Sie sind Steuerberater und möchten Ihre Mandanten besser unterstützen
Als Steuerberater erfüllen Sie bereits eine sehr wichtige Funktion und bieten in der Regel dem Inhaber monatliche Erfolgsübersichten in Form der Betriebswirtschaftlichen Auswertung (BWA) bzw. dem Internen Betriebsvergleich (IBV) an. Es ist die Frage, ob das bereits als »Controlling« zu verstehen ist oder nur als Ergebnis der monatlichen Buchhaltung. Ich empfehle, Controlling und Buchhaltung zu trennen. So sollten sich in der BWA/IBV keine Kennzahlen befinden. Kennzahlen gehören ins Controlling. Die gebildeten Zwischensummen innerhalb der BWA/IBV sind das Höchstmaß an Controlling-Tätigkeit, die dort sinnvoll ist. Befinden sich zu viele weitere Kennzahlen in der monatlichen Erfolgsdarstellung, bindet es zu viel Zeit des Inhabers, diese zu sichten und auszuwerten bzw. Konsequenzen abzuleiten. Daher sollten Kennzahlen nur zu ausgewählten Zeitpunkten betrachtet werden und nur im Zuge des Controllings.

Werden Sie dennoch vom Inhaber aufgefordert, Controlling-Aufgaben zu übernehmen, so besprechen Sie mit Ihrem Mandanten, welche Kennzahlen er wie häufig zu besprechen wünscht und erstellen dann den Report. Meiner Erfahrung nach führt es jedoch nicht zum gewünschten Effekt der Erfolgssteigerung, wenn der Inhaber und Verantwortliche diese Steuerungsfunktionen aus der Apotheke herausgibt (Outsourcing). Ich kann mir auch nicht vorstellen, dass z. B. die Deutsche Telekom AG das Controlling an McKinsey vergibt. Man lässt sich sicherlich helfen und beraten, vergibt es aber nicht fremd. Auch wenn der Apotheker nicht über genügend Kapazitäten verfügen sollte, gehören die Steuerungsaufgaben nicht extern vergeben. Als Steuerberater haben Sie in der Regel zu wenig Einblick in die operativen Geschicke der Apotheke, in die Motivation der Mitarbeiter oder in bestimmtes Kundenverhalten. Das kann nur vor Ort gesteuert werden. Die Übersicht einiger Kennzahlen in der BWA oder als gesonderter Report ist denkbar, jedoch nicht das gesamte Controlling.

Ich halte die Führung eines Liquiditätsplans für die Apotheke für eine sehr wichtige Unterstützung des Inhabers. Als Steuerberater können Sie die Zahlungsziele über die Rechnungsbelege und Verträge überblicken und die meisten Fixkosten der Apotheke sowie die privaten Zahlungsverpflichtungen des Inhabers sind gut planbar hinsichtlich des Liquiditätsbedarfs. Hier sehe ich den größten Bedarf in der Praxis und als Steuerberater werden Sie mit einem gut funktionierenden Liquiditätsplan eine unverzichtbare Stütze des Apothekers.

Blickwinkel: Sie sind Angestellte/r und sollen den Chef besser unterstützen
Da immer mehr Inhaber die eigentlichen PKA-Aufgaben auf ihre HV-Mitarbeiter übertragen, soll hier nicht das Berufsbild der entscheidende Blickwinkel sein, sondern die Tatsache, dass sie wertvolle Mitarbeiter sind. Dann ist die Vorgehensweise ähnlich der eines Filialleiters/Stellvertreters. Erfahrungsgemäß werden jedoch vertrauensvolle Angaben zum Gewinn der Apotheke oder zum Liquiditätsstatus nicht an Mitarbeiter kommuniziert und somit wird ihre Möglichkeit zum Ausüben von Controllingtätigkeiten enorm eingeschränkt. Es wird sich dann auf bestimmte Berechnungen und Produktivitätskennzahlen (Key Performance Indicators) konzentrieren, die Sie als Mitarbeiter einsehen und messen können, wie z. B. Lagerumschlag oder durchschnittlicher Zeitaufwand je Kunde.

Zur Messung und Steuerung von Kennzahlen ist ein gewisses betriebswirtschaftliches Grundverständnis notwendig. Leider werden an den meisten Berufsschulen zu wenig solcher Kenntnisse vermittelt, und so müsste erst der Inhaber die Aufgabe übernehmen, Mitarbeiter zu coachen oder schulen zu lassen. Erst dann kann von Mitarbeitern erwartet werden, dass sie Controllingtätigkeiten übernehmen.

Blickwinkel: Sie nehmen keine der zuvor genannten Perspektiven ein
Oft besuchen Partner (Ehepartner, Freunde) von Apothekern betriebswirtschaftliche Seminare, weil sie gerne unterstützend tätig sein möchten. Auch hier stellt sich die Frage nach betriebswirtschaftlichen Kenntnissen. Grundsätzlich ist jede Unterstützung zu begrüßen und so gilt auch hier: Sprechen Sie die Wünsche und den Bedarf an Kennzahlen mit dem Apotheker ab und stellen Sie dann die gewünschten Kennzahlen zusammen. Es bleibt in diesem Fall eher beim mathematischen Berechnen, denn die Steuerung sollte stets aus der Apotheke heraus passieren, ähnlich wie bei der Steuerberater-Perspektive.

2. Controlling in Apotheken

Die Steuerung des Apothekenerfolgs kann sich auf das Hier und Jetzt beziehen, sollte aber vor allem auch auf Zielerreichung ausgerichtet sein. Die Definition von Zielen und Visionen wird über das strategische Controlling bedient; das Arbeiten in der Gegenwart über das operative Controlling.

2.1 Strategisches Controlling

Das strategische Controlling dient zur Standortsicherung und Nachhaltigkeit der Apotheke. Daher finden die Maßnahmen eher vor Gründung oder Übernahmen im Zuge des Business-Plans statt. Bei einer bestehenden Apotheke gilt sicherzustellen, dass es überhaupt langfristige Pläne gibt, wie z. B. einen Drei-Jahres-Plan (Rolling Forecast). Nutzen Sie hierzu die oben genannte SWOT-Analyse, um Ihre Gedanken zu ordnen. Aus dem Bereich »Weaknesses« (Schwächen) und »Threads« (Risiken) hat die Apothekenleitung konkrete Maßnahmen abzuleiten. Schwächen sollen beseitigt werden und die Apotheke ist so gut wie möglich gegen drohende Gefahren zu schützen. Das Controlling überwacht die Einhaltung und empfiehlt weitere Schritte.

Wenn die strategischen Ziele stehen und sich im Laufe des Jahres keine gravierenden Änderungen ergeben, reicht eine halbjährige Überprüfung aus. Die Überprüfung findet nach einem Soll-Ist-Abgleich-Prinzip statt: Was wurde geplant und angenommen und wie ist der aktuelle Status? Entspricht der aktuelle Status der Planung, so kann im gleichen Abstand erneut geprüft werden. Gibt es eine Abweichung, so wird nach Ursachen und Hintergründen gesucht und je nach Plausibilität der Lösung würden Sie den erneuten Überprüfungszeitraum festlegen.

> **BEISPIEL: EINSCHÄTZUNG EINES RISIKOS**
>
> Im Zuge der Planung wird als Risiko festgelegt, dass ein angesiedelter Arzt möglicherweise in naher Zukunft seine Praxis schließt und keinen Nachfolger hat.
> Das wäre als Risiko in der SWOT-Analyse (vgl. Abb. 10) festzuhalten.
> Zum Zeitpunkt der Überprüfung können folgende Ergebnisse ermittelt werden:
>
> 1. Der Arzt ist noch da und es gibt keine Anzeichen für eine Schließung. In diesem Fall können Sie den erneuten Überprüfungszeitraum für ein weiteres Quartal festlegen.
> 2. Der Arzt ist noch da und ein Nachfolger wird bereits eingearbeitet. In diesem Fall können Sie den erneuten Überprüfungszeitraum für ein weiteres Quartal festlegen.
> 3. Der Arzt ist zwar da, aber es gibt Anzeichen für eine Schließung. In diesem Fall sollten Sie den erneuten Überprüfungszeitraum verkürzen und monatlich oder alle zwei Monate den Status überprüfen.

Vielleicht fragen Sie sich an dieser Stelle, warum Sie diesen Aufwand betreiben sollten, wenn Sie gegen die Schließung nichts unternehmen können. Richtig, wahrscheinlich können Sie gegen die eigentliche Praxisschließung nichts ausrichten, jedoch wird voraussichtlich Ihr Rx-Umsatz fallen, wenn die Rezepte des Arztes fehlen. Das wirkt sich einerseits auf Ihren Warenbedarf als auch auf Ihren Personaleinsatz aus. Je nach Stärke des Umsatzeinbruchs können Sie nicht warten, bis es so weit ist, sondern müssen vorausschauend über z. B. einen flexiblen Personaleinsatz aktiv werden.

Auf weitere strategische Controllinginstrumente wird in diesem Buch nicht mehr eingegangen, da sie für Apotheken zu irrelevant sind. Entscheidend ist die Zielfindung und das Festhalten und Visualisieren der Ziele. In der Industrie verwendet man noch z. B. Portfolio-Analysen oder Produkt-Lebenszyklus-Kurven. Im Apothekenbereich liegt der Fokus jedoch auf der operativen Steuerung. Das eigentliche Planen von Strategien und Zieledefinieren ist eine reine Managementleistung, die als Basis für Controlling dient.

2.2 Operatives Controlling

Operatives Controlling beruht hauptsächlich auf den Kennzahlen, die in Kapitel 3 beschrieben werden. Es gilt, kurzfristig auf Veränderungen zu reagieren und möglichst schnell eine Verbesserung herbeizuführen. Bezüglich der oben genannten SWOT-Analyse bleiben zwei Bereiche noch offen, Strengths (Stärken) und Weaknesses (Schwächen). Ersteres ist primär im Zuge des »Ausschmückens der Braut« notwendig, wenn es z. B. darum geht, einen Kredit bei der Bank zu bekommen. In der Regel werden es aber die Schwächen sein, die Sie beseitigen oder abmildern möchten. Wie häufig sind hier Soll-Ist-Abgleiche sinnvoll? Auch hier hängt es von der Schwere der Mängel ab.

> **Beispiel**: Im Zuge der Kunden-Analyse stellen Sie fest, dass Sie keine Jugendlichen als Kunden haben. Das wäre als Schwäche in der SWOT-Analyse (vgl. Abb. 10) festzuhalten.

Ergreifen Sie als Folge Marketingmaßnahmen, so können Sie nicht davon ausgehen, dass diese bereits im Folgemonat vollen Erfolg zeigen. So ist eine Überprüfung im Abstand von einem Quartal sehr viel sinnvoller als monatlich.

Was »sinnvoll« ist und was nicht, wird sicherlich jeder Betrachter anders beurteilen. Grundsätzlich lässt sich jedoch sagen, dass Ihnen die Ursachenforschung bei den oben genannten Beispielen sehr viel mehr Mühe macht, als wenn sich einfach elektronisch irgendwelche Kennzahlen automatisch berechnen. Daher sollten Sie stets den Nutzen und Aufwand miteinander in Einklang bringen. Als Führungskraft und Inhaber haben Sie unzählige weitere Aufgaben. Sind Sie jedoch als kaufmännischer Leiter mit diesen Aufgaben betraut, werden Sie die Überprüfungsintervalle verkürzen.

Weitere sinnvolle operative Controllinginstrumente neben allen Kennzahlen sind z. B. die ABC-Analyse, die Deckungsbeitragsrechnung oder Ansätze der Investitionsrechnung (Dynamische Amortisation).

ABC-Analyse

Die ABC-Analyse lässt sich aus verschiedenen Perspektiven heraus in der Apotheke implementieren. Einerseits bezüglich der Artikel und Dienstleistungen, die Sie verkaufen, der Kundenstruktur und andererseits bezüglich der Aufgaben und Prozesse. Die Ergebnisse, die Sie ableiten, sagen aus, welches die wichtigsten Aspekte für Sie sind (= A-Artikel/-Kunden/-Prozesse), welche ebenfalls sehr häufig anfallen und das Mittelfeld bilden, jedoch weniger zur Gewinnerzielung beitragen (= B-Artikel/-Kunden/-Prozesse), und welche Artikel und Prozesse die breite Masse ausmachen, aber bezüglich des Gewinns von kleinster Bedeutung sind (= C-Artikel/-Kunden/-Prozesse). Als Konsequenzen sollten Sie Ihr Augenmerk am stärksten auf die A-Komponenten ausrichten und umgekehrt am wenigsten Aufwand für die C-Komponenten aufbringen.

Es stellt sich auch hier die Frage, wie sinnvoll dieses Instrument in der Apotheke ist. Im Rx-Bereich ist die Gewinnaussicht gesetzlich definiert, und es wäre nicht ratsam, hier eine entsprechende Sortimentskonsequenz abzuleiten. Ein hochpreisiges Arzneimittel würde sehr hohen Anteil am Umsatz ausmachen, bedeutet aber andererseits eine hohe Liquiditätsbelastung, wenn Sie es vorfinanzieren müssen. Aus Sicht der ABC-Analyse wäre dies nun aber für Sie ein sehr wichtiges Arzneimittel, so dass Sie sich in Ihrem gesamten Streben stets um solche Artikel bemühen müssten. Richtet sich die ABC-Analyse auf die Gewinnerzielung, so würden Sie besonders die günstigen Arzneimittel bevorzugen, denn durch die Zuschläge 3 % auf den Apothekeneinkaufspreis der Ware und 8,35 € Fixzuschlag pro Packung fallen hier die Gewinne verhältnismäßig höher aus. Das entspricht nicht der Apothekenpraxis oder möchten Sie erst auf das Rezept schauen und die Kunden wieder wegschicken, wenn es sich um ein hochpreisiges Arzneimittel handelt? Bei den Artikeln und Dienstleistungen können Sie also nur auf den Non-Rx-Bereich ausweichen – und wenn – dann nur hier eine ABC-Analyse durchführen. Doch wie sinnvoll ist hier die Clusterung?

Bei der Vielzahl an Artikeln erzielen Sie Ergebnisse, die Ihnen einen zu geringen Nutzen geben. Zudem muss immer die Attraktivität für Kunden Ihrer Apotheke Priorität haben. Es ist möglich, dass Sie analysieren, dass Original-Präparate für Sie den höchsten Stücknutzen haben. Folglich sollten Sie mit Ihrem Streben stets darauf bedacht sein, hauptsächlich diese Artikel zu präsentieren und dem Kunden zu verkaufen. Welche Konsequenz hat das aber eventuell für Sie? Schon kurz- und mittelfristig wird, selbst bei einer im Apothekensegment niedrigen Preisintransparenz, der Kunde hinterfragen, warum er bei Ihnen stets die teuerste Alternative angeboten bekommt und sich darüber ärgern. Es ist daher geboten, die Sortimentspolitik eher von Kundenbelangen leiten zu lassen als von einer ABC-Analyse. Ein cleveres Category-Management erfüllt beispielsweise diese Aufgabe. Einerseits erhalten Sie die Information, welche Regalfläche die wirtschaftlich attraktive ist, und andererseits, welche Artikel dort positioniert werden sollten. Sie könnten natürlich selbst berechnen, mit welchen Artikeln Sie den höchsten Rohertrag (Stücknutzen) erwirtschaften und als A-Artikel auf die Regalfläche stellen, die vom Kunden am ehesten wahrgenommen wird und somit die höchste Verkaufschance hat. Dennoch wird Ihnen die Information fehlen, ob dieser Artikel auch für den Kunden attraktiv ist. Der Rohertrag hängt von Ihrer Kalkulation ab, und wenn Sie z. B. einen Artikel mit einem enormen Aufschlag versehen, wird er zum A-Artikel, aber wird er dann auch vom Kunden als attraktiv wahrgenommen?

Ein weiterer Gedanke zur ABC-Analyse bei Arzneimitteln geht Richtung der Handlingkosten. Bitte betrachten Sie, wie viel das Rx-Sortiment an Packungen ausmacht und welcher Wareneinkaufswert dahinter steht. So werden Sie feststellen, dass es (je nach Standort) knapp die Hälfte aller Packungen ausmacht, jedoch finanziell den weitaus größten Teil zum Umsatz beiträgt (mehr als 75 %). Von der Kategorisierung wären also diese Arzneimittel als A-Artikel eingestuft, jedoch im Vergleich zu den Handlingkosten als zu wichtig kategorisiert. Denn es sind eher die rezeptfreien Artikel in Ihrer Frei- und Sichtwahl, von denen Sie an Packungen mehr haben und oft aber so günstig verkaufen, dass sie von der Gewinnspanne her an Bedeutung verlieren. Hier stellt sich also wieder die Frage nach dem Sinn dieses Controlling-Instruments. Die Kennzahl allein ist hier nicht ausreichend. Nur in Kombination mit anderen Instrumenten (hier Category Management) können Sie sinnvolle Erkenntnisse zur Apothekensteuerung gewinnen. Die rein mathematische Betrachtung ist nicht ausreichend.

Die ABC-Analyse innerhalb Ihrer Kundschaft könnte zum Ergebnis bringen, dass die A-Kunden die Artikel gekauft haben, die Ihnen den höchsten Gewinn gebracht haben und es somit Ihre wichtigsten Kunden sind. Als Ableitung definieren Sie Maßnahmen, welche Aufmerksamkeit Sie den jeweiligen Kundengruppen angedeihen lassen wollen. A-Kunden werden mit z. B. hochwertigen Geschenken bedacht, während C-Kunden gerne die Kalender bekommen. Hierbei geht es nicht darum, Menschen unterschiedlich zu behandeln, sondern ein besonderes Dankeschön an die auszusprechen, die es auch möglicherweise erwarten, da sie viel Geld in Ihrer Apotheke lassen.

Fazit: Die ABC-Analyse ist nur in ausgewählten Situationen sinnvoll und nur als ein Instrument, das unter Berücksichtigung aller Rahmenbedingungen eingesetzt wird.

Deckungsbeitragsrechnung (DBR)

Die Deckungsbeitragsrechnung innerhalb des operativen Controllings ist ein Instrument der Kostenträgerrechnung und beruht auf der Idee, Ergebnisse (Gewinn) pro einzelne Einheiten zu ermitteln. Vergleichbar ist dieses Instrument mit der Gewinn- und Verlustrechnung (GuV). Während die GuV aber für das gesamte Unternehmen (Apotheke oder Filiale) berechnet wird, wird die DBR pro Produkt, -gruppe, Dienstleistung oder z. B. pro Mitarbeiter dargestellt. In Form einer Mischkalkulation können so eventuelle Kostenunterdeckungen ausgeglichen werden. Der Deckungsbeitrag ergibt sich, indem alle variablen Kosten (Einzelkosten, die dem Produkt direkt zuzuordnen sind) vom Umsatz abgezogen werden; vergleichbar mit dem Rohertrag in der gesamten Apotheke. Diese Zwischensumme sollte die fixen Kosten der Apotheke decken können. Hierbei bedient man sich verschiedener Berechnungsstufen. Das Ergebnis sagt aus: Je höher der Deckungsbeitrag, desto höher ist die Deckung der Gesamtkosten und desto größer ist der Gewinn.

Ergibt sich ein positiver Deckungsbeitrag, so spricht man von »Überschuss« (= Gewinn); er steht zur Deckung weiterer Betriebskosten der Apotheke zur Verfügung. Ein negativer Deckungsbeitrag bedeutet, dass die Fixkosten teilweise nicht oder sogar überhaupt nicht gedeckt werden. Sinnvoll sind solche Überlegungen nur, wenn aktive Preiskalkulation betrieben wird und der frei kalkulierbare Umsatzanteil mindestens 30 bis 40 % beträgt, damit sich der Aufwand im Verhältnis zum Nutzen lohnt.

Konsequenz bei negativem DB:
- Sortimentsbereinigung von Warengruppen/Dienstleistungen,
- Kostenausgleich durch andere Warengruppen/Dienstleistungen mit einem positivem Deckungsbeitrag (Mischkalkulation).

Innerhalb der Deckungsbeitragsrechnung wird zwischen der ein- und der mehrstufigen Methode unterschieden. Bei der einstufigen Deckungsbeitragsrechnung werden die Fixkosten nicht explizit aufgeschlüsselt, sondern gebündelt vom Rohertrag abgezogen. Dies ist nur bei Ein-Produkt-Unternehmungen sinnvoll und findet in der Apotheke keine Anwendung.

Vorübergehend kann die Apotheke eine Strategie mit ausgewählten Produkten verfolgen, die nur die variablen Kosten deckt (Rohertrag = Null). Dies ist denkbar bei Absatzschwierigkeiten, bei der Einführung neuer Produkte, Lockvogelangeboten etc. Dies kann aber kein angestrebtes Ziel sein. Die Kunden erwarten auch in Zukunft niedrige Preise und die Konkurrenz treibt einen Preiskrieg an – eine Spirale, aus der Sie schwer wieder herauskommen, deshalb kann das an dieser Stelle keine Empfehlung sein.

Bei der mehrstufigen Deckungsbeitragsrechnung werden sowohl variable als auch fixe Kosten berücksichtigt. Fixkosten werden nicht als Ganzes betrachtet, sondern z. B. mit Hilfe von Bezugsgrößen auf einzelne Segmente, Bereiche, Mitarbeiter oder Kunden aufgeteilt. Dabei stellt sich jeweils die Frage, wie viel der Kosten sich jeweils den einzelnen Bereichen zuordnen lassen.

Denkbar ist die DBR zur Messung des Erfolgs einzelner MA bei mehreren Standorten (Abb. 37):

Deckungsbeitragsrechnung für Mitarbeiter
- Welchen Umsatz hat der Mitarbeiter generiert?
- (–) Welche Kosten hat der Mitarbeiter unmittelbar verursacht (Gehalt und weitere direkte Kosten für z. B. Schulung, Prämien oder Firmenwagen)

- = Deckungsbeitrag 1 Mitarbeiter
- (–) Umlegen der Betriebskosten des Standorts (nach Köpfen oder analog zum Umsatz/Rohertrag)

- = Deckungsbeitrag 2 Mitarbeiter
- (–) Umlegen der Betriebskosten, die für alle Standorte anfallen, z. B. Versicherungen (nach Köpfen oder analog zum Umsatz/Rohertrag)

- = Deckungsbeitrag 3 Mitarbeiter
- (–) Umlegen des kalkulatorischen Unternehmerlohns (nach Köpfen oder analog zum Umsatz/Rohertrag oder nach messbarem Arbeitseinsatz)

- Ergebnis Mitarbeiter

Abb. 37: Deckungsbeitragsrechnung, Beispiel 1

Sie erkennen schon, dass es passieren kann, dass ein Mitarbeiter, der im Handverkauf beschäftigt ist, schwach im Zusatzverkauf ist und im Laufe des Jahres weniger Umsatz generiert, als er selbst Gehalt bekommt. Der DB 1 ist dann schon negativ und alle weiteren Kosten sind erst recht noch nicht gedeckt. Welche Konsequenz würden Sie dann ableiten? Wenn dieser Mitarbeiter schwach in der Vertriebsleistung ist, werden Sie das auch ohne eine Deckungsbeitragsrechnung erkannt haben und entsprechend handeln. Interessant wird es, wenn Sie aber dieses System an eine Zielvereinbarung koppeln. Je mehr Ihr Mitarbeiter zur Deckung von Fixkosten beiträgt, umso höher die Prämie. Dies ist durchaus ein denkbarer Ansatz im Zusammenhang mit der Deckungsbeitragsrechnung für Mitarbeiter.

Dieser Gedanke kann bezüglich der Mitarbeitereffizienz herangezogen werden, wenn Sie beispielsweise drei PTA hätten, die aber aufgrund von Betriebszugehörigkeit und Qualifikation unterschiedliches Gehalt hätten und unterschiedliche Arbeitsstunden vereinbart hätten.

Alle würden auch unterschiedlich stark in der Beratung sein, so könnte man hinterfragen, welchen Deckungsbetrag jede Person an sich erwirtschaftet: Pro Jahr ergibt sich folgende Beispielrechnung (Abb. 38):

	PTA 1	PTA 2	PTA 3
Umsatz der PTA	420.000,00 €	510.000,00 €	390.000,00 €
Rohertrag der PTA	109.200,00 €	142.800,00 €	117.000,00 €
= Spanne in %	26,00 %	28,00 %	30,00 %
minus PTA-Kosten	65.000,00 €	60.000,00 €	51.500,00 €
= Deckungsbeitrag	44.200,00 €	82.800,00 €	65.500,00 €
Arbeitsstunden p.a.	1.606	1.698	1.372
PTA-Kosten je Std.	40,47 €	35,36 €	37,54 €
Rohertrag je Std.	68,00 €	84,10 €	85,28 €
Deckungsbeitrag je Std.	27,52 €	48,76 €	47,74 €

Abb. 38: Deckungsbeitragsrechnung, Beispiel 2

Die Aussage dieses Vergleichs wäre jetzt, dass die PTA 2 den höchsten Beitrag zur Kostendeckung trägt und somit die wirtschaftlich attraktivste Person wäre. Wie sinnvoll ist jedoch eine solche Betrachtung? Dieser Vergleich zeigt nicht, welche weiteren Tätigkeiten diese PTAs nachgehen, die nichts mit dem Umsatz zu tun haben.

Weiteres Beispiel für den Einsatz der DBR:

Deckungsbeitragsrechnung für die Warengruppe Kosmetika »Beauty«
Durchschnittlicher Umsatz (Kosmetika »Beauty«)
– Variable Kosten (Wareneinsatz »Beauty«)

= **DB 1 (Rohertrag)**
– Fixe Kosten I:
Personalkosten der Mitarbeiter Kosmetika »Beauty« (anteilig)
Zinsen auf Lagerbestand (falls gegeben)
Werbung (speziell Kosmetika »Beauty«)
Raumkosten (anteilig, analog zur Regalfläche oder analog zum Rohertrag)
Sonstige Betriebskosten (falls direkt zuordenbar)

= **DB 2**
– Fixe Kosten II:
Personalkosten der restlichen Mitarbeiter (falls nicht zu anderen Warengruppen zugeordnet)
Restliche Lager-Zinsen (falls gegeben und nicht zu anderen WG zugeordnet)
Werbung (allgemeiner Art; anteilig analog zum Rohertrag)
Restliche Raumkosten (falls nicht zu anderen WG zugeordnet)
Restliche sonstige Betriebskosten (anteilig analog zum Rohertrag)

Abschreibungen
Restliche Zinsen
Restliche Apothekenkosten (nicht zuordenbar)
Filialleitung (falls gegeben)

= **DB 3**
− Fixe Kosten III:
Kalkulatorischer Unternehmerlohn (anteilig analog zum Rohertrag)

= **Ergebnis (vor Steuer)**
Nach und nach können Sie diese Warengruppe detaillierter bis zu einem einzigen Artikel aufschlüsseln.

Abb. 39: Deckungsbeitragsrechnung, Beispiel 3

Datenpflege machen Sie z. B. mit Excel®. Damit Sie möglichst nur einmalig solche Tabellen anlegen, empfiehlt es sich, sogenannte Stammdaten-Tabellen anzulegen und separat die Tabelle (DBR) mit nur noch hinterlegten Formeln. Ändern sich Gegebenheiten, so geben Sie es nur noch in der Stammdaten-Tabelle ein, und der Deckungsbeitrag berechnet sich automatisch neu.

Zur Stammdatenpflege greifen Sie auf Ihre BWA zurück, wie auch auf die Auswertungen der Rechenzentren und Einkaufskonditionen. Entscheidend ist die möglichst genaue Zuordnung von Umsätzen und Kosten zu Produkten und Produktgruppen. Bei der Vielzahl an Artikeln kann man sich erst grob annähern und später immer detaillierter die Daten erheben.

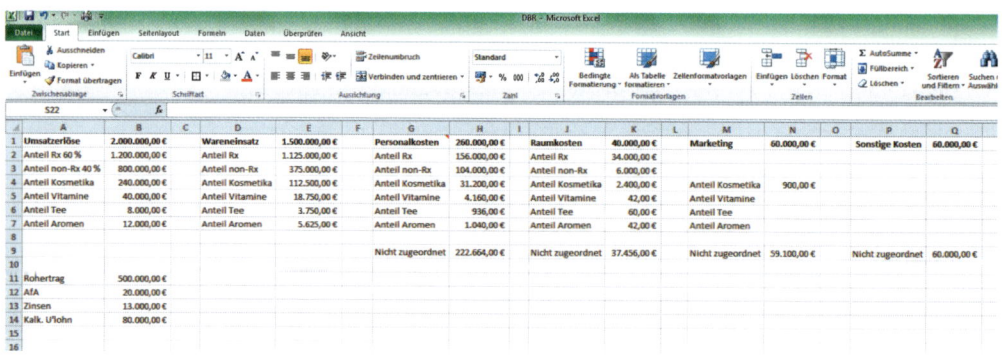

Abb. 40: Umsetzung einer DBR in Excel®
Anlegen von Stammdaten

2. Controlling in Apotheken

Deckungsbeitragsrechnung nach Warengruppen

	Kosmetika	Vitamine	Aromen	Tee	etc.
Umsatzerlöse (netto)	240.000,00 €	40.000,00 €	12.000,00 €	8.000,00 €	
- Variable Kosten:					
Wareneinsatz	112.500,00 €	18.750,00 €	5.625,00 €	3.750,00 €	
Spezielle Personalkosten direkt	1.000,00 €				
= Rohertrag (DB 1)	126.500,00 €	21.250,00 €	6.375,00 €	4.250,00 €	
Gewichtung Rohertrag in % (Gesamtrohertrag 100 %)	25,3	4,25	1,275	0,85	
- Fixe Kosten I:					
Personalkosten der Mitarbeiter Kosmetika (anteilig)	31.200,00 €	4.160,00 €	1.040,00 €	936,00 €	
Zinsen auf Lagerbestand (falls gegeben)					
Werbung (speziell Kosmetika)	900,00 €				
Raumkosten (anteilig)	2.400,00 €	42,00 €	42,00 €	60,00 €	
Sonstige Betriebskosten (falls direkt zuordenbar)					
= DB 2	92.000,00 €	17.048,00 €	5.293,00 €	3.254,00 €	
- Fixe Kosten II: Gewichtung analog zum Rohertrag					
Personalkosten der restlichen Mitarbeiter	56.333,99 €	9.463,22 €	2.838,97 €	1.892,64 €	
Restliche Lager-Zinsen					
Werbung (allgemeiner Art)	14.952,30 €	2.511,75 €	753,53 €	502,35 €	
Restliche Raumkosten	9.476,37 €	1.591,88 €	477,56 €	318,38 €	
Restliche sonstige Betriebskosten	15.180,00 €	2.550,00 €	765,00 €	510,00 €	
Abschreibungen	5.060,00 €	850,00 €	255,00 €	170,00 €	
Restliche Zinsen	3.289,00 €	552,50 €	165,75 €	110,50 €	
Filialleitung (falls gegeben)					
= DB 3	- 12.291,66 €	- 471,35 €	37,19 €	- 249,87 €	
Summe DB 3 in Euro	\multicolumn{4}{c}{-12.975,69}	
- Fixe Kosten III:					
Kalkulatorischer Unternehmerlohn in Euro	\multicolumn{4}{c}{80.000,00}	
anteilig zum Rohertrag	20.240,00 €	3.400,00 €	1.020,00 €	680,00 €	
= Ergebnis (vor Steuer) (EBT)	- 32.531,66 €	- 3.871,35 €	- 982,81 €	- 929,87 €	

Abb. 41: Deckungsbeitragsrechnung

Notwendige Informationen:
- Unterteilung der Warengruppen in Prozent vom Umsatz. Wenn Sie sich zunächst grob nähern wollen, so betrachten Sie Kosmetika als Ganzes und trennen später nach Untersegmenten, wie z. B. dekorativer Kosmetik, bis hin zu einzelnen Produkten. Erfasst wird der Nettoumsatz (ohne MwSt.), der mit Kosmetika generiert wird.
- Wareneinsatz für Kosmetika. Ermitteln Sie, wie viel Sie effektiv für die Waren bezahlt haben (netto-netto-EK, das heißt ohne MwSt. und nach Abzug aller Preissenkungen).
- Personalkosten sollten so genau wie möglich zugeordnet werden. Hierbei ist im Vorfeld eine Einteilung der Personalkosten pro Minute und pro Person notwendig. Stellen Sie sicher, dass in Ihren Personalkosten nicht nur Bruttogehalt und Sozialabgaben erfasst sind, sondern auch alle Personallohnnebenkosten, wie z. B. Schulungen, Prämien, Lohnfortzahlung etc. Stellen Sie die Frage: Wer bestellt, betreut und verkauft Kosmetika und wie lange dauern diese Prozesse? Addieren Sie die jeweiligen Kostenblöcke und ordnen Sie diese zu Personalkosten Kosmetika zu.
- Kosten, die Sie den einzelnen Warengruppen nicht direkt zuordnen können, sollten anteilig umgelegt werden. Dazu bilden Sie ein Verhältnis zum Rohertrag. Warengruppen mit einem »starken« Rohertrag müssen im Verhältnis mehr der Kosten tragen können als schwache Segmente.
- Kalkulieren Sie bis zum Unternehmensergebnis, also inklusive kalkulatorischem Unternehmerlohn. Hierbei ist zu beachten, wie viel einer Warengruppe überhaupt zugeordnet

werden kann. Bei einer Hauptapotheke können Sie wie schon oben analog zum Rohertrag arbeiten. Bei mehreren Standorten sollte der Unternehmerlohn über alle Standorte hinweg umgelegt werden (analog zum Rohertrag oder tatsächlichem Arbeitseinsatz).

Diese Instrumente erlauben Ihnen eine möglichst leichte Berechnung von Änderungen. Bei einer geplanten Preiserhöhung können Sie den Umsatz entsprechend erhöhen und gleich das Ergebnis beurteilen. Auch eine Veränderung innerhalb Ihres Kostenblocks kann später leicht eingearbeitet werden, so dass die Veränderung im Ergebnis sofort sichtbar ist. Dies setzt natürlich auch entsprechendes Arbeiten in Excel® voraus (Anlegen von *Formeln* in den Zellen).

Erneut muss hier wieder die Attraktivität für den Kunden und nicht alleine das wirtschaftliche Ergebnis betrachtet werden. Prinzipiell sollten Warengruppen, die nicht kostendeckend sind, aus dem Sortiment genommen werden. Prüfen Sie dabei aber sogenannte Verbundeffekte. Es kann sein, dass zwar ein Produkt besonders preisgünstig angeboten wird (= keine Kostendeckung), das aber regelmäßig zu weiteren Einkäufen Anlass gibt, sodass insgesamt eine Kostendeckung erreicht wird. Aus dem Mobilfunkgeschäft kennen Sie die Telefone für 1 €, die aber nur mit einem 2-Jahres-Providervertrag verkauft werden.

Fazit: Operatives und strategisches Controlling sind nicht voneinander zu trennen, sondern sind als ein Zusammenspiel zu betrachten. Je klarer Strategien und Ziele vorgegeben sind, umso genauer kann operativ gearbeitet werden.

2.3 Konsequenzen ableiten

Das Ableiten von Konsequenzen liegt wieder eher beim Management statt im Controlling. Der Controller würde jetzt die Informationen zur Entscheidungsfindung bündeln und managementgerecht aufbereiten. Eine solche Aufbereitung wird Management Summary genannt, wie schon zu Beginn des Kapitels gezeigt. Hier soll das Wesentliche auf einer Seite zusammengefasst sein und dann möglichst auch nur in Form von Grafiken und Übersichten. Es ist also die Frage, aus welchem Blickwinkel heraus Sie Controlling in der Apotheke betreiben. Sind Sie gleichzeitig der Inhaber und Entscheider, so würden Sie natürlich in einem fließenden Übergang zur Ableitung von Konsequenzen übergehen. Je nach Ergebnis der Auswertung ergeben sich Maßnahmen, die alle Bereiche der Apotheke betreffen können – angefangen bei der Personaleinsatzplanung, die nun besser auf Kundenströme angepasst ist, bis hin zu Kostensenkungsmaßnahmen zur Gewinnoptimierung.

3. Kennzahlen und Key Performance Indicators (KPIs) als Instrumente zur Effizienzsteigerung

Trennen Sie möglichst zwischen Kennzahlen, die Ihren Erfolg der Wirtschaftlichkeit als Ganzes messen, und *Key Performance Indicators* (KPIs). KPI sind ebenfalls Kennzahlen, sie beziehen sich jedoch auf die Produktivität. So wird nachfolgend getrennt nach der internen Produktivität (= KPIs) und der Apotheken-Erfolgsmessung als Ganzes (= Kennzahlen). Die Key Performance Indicators sind mit einem Schlüsselsymbol am Rande gekennzeichnet.

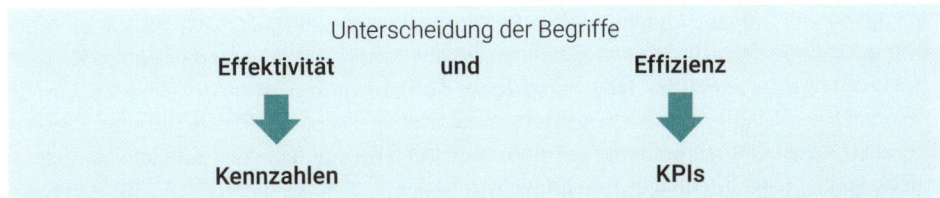

Effektivität ist auf das Ergebnis ausgerichtet. Sie können beispielsweise einen Apfel mit einem Löffel schälen und irgendwann ist er auch geschält. Ziel erreicht und somit waren Sie effektiv. ☺

Effizienz ist auf das Verhältnis der eingesetzten Mittel zu dem erreichten Ergebnis ausgerichtet. Hätten Sie den Apfel gleich mit einem Messer oder Apfelschäler geschält, wären Sie auch noch effizient gewesen.

Abb. 42: Effektivität und Effizienz

Kennzahlen in der Apotheke sind dazu gedacht, um schnell und übersichtlich Erkenntnisse betriebswirtschaftlichen Charakters zu gewinnen und Vergleiche anstellen zu können. Ich möchte im Vorfeld dieses Kapitels darauf hinweisen, dass viele Kennzahlen einfach nur der Kennzahl wegen gerechnet werden, ohne dass anschließend ein richtiger Nutzen erkennbar ist. Man kann sehr viel Zeit mit dem Berechnen von Kennzahlen verbringen, während gleichzeitig andere – eventuell viel wichtigere – Ereignisse stattfinden, die viel eher Ihre Beachtung hätten finden müssen. Versuchen Sie daher eine kleine Auswahl an Kennzahlen für sich zu treffen, die Ihnen einen echten Nutzen bringen, und messen Sie in regelmäßigen Abständen die Ergebnisse. Entscheidend ist, dass Sie die Ursachen von Veränderungen herausfinden und die Ergebnisse interpretieren können.

Kennzahlen und KPIs – Bezugsgrößen richtig wählen
In der Vergangenheit und auch heute noch werden Kosten in der BWA überwiegend im Verhältnis zum Umsatz abgebildet. Dann lesen Sie beispielsweise Personalkosten = 14 %, wobei Umsatzerlöse 100 % entsprechen. Diese Vorgehensweise ist sehr verbreitet, und da man an-

schließend immer die gleiche Vergleichsbasis haben wollte, hat sich dies fest etabliert, auch wenn es heute kaum noch sinnvoll ist. Wenn Sie beispielsweise viele Patienten haben, die mit hochpreisigen Rezepten zu Ihnen kommen, so steigt Ihr Umsatz und entsprechend fallen die im Verhältnis dazu dargestellten Kosten geringer aus. Haben Sie aber tatsächlich die Kosten senken können? Selbst wenn Sie »Hochpreiser« separat auswerten, ist der Rohertrag die bessere Basis zur Verhältnisbildung. Die Betriebskosten sind vom Rohertrag zu tragen und daher ist das die entscheidende Berechnungsbasis.

Überdenken Sie die alte Vorgehensweise und machen Sie einen Bruch mit diesem Schema. Stellen Sie einmalig um und setzen Sie künftig die Werte ins Verhältnis zum Rohertrag. Um Werte aus der Vergangenheit besser vergleichen zu können, sollte natürlich auch in den BWAs der vergangenen Jahre die Umstellung auf die Basis Rohertrag erfolgen. Hier stellt sich wiederum die Frage, wie gut doch tatsächlich die Werte aus der Vergangenheit miteinander zu vergleichen sind. Die enormen Auswirkungen auf den Rohertrag in den Jahren 2011 und 2012 sind stark auf das Arzneimittelmarkt-Neuordnungsgesetz (AMNOG) zurückzuführen. Der Rohertrag ist branchenweit gesunken und somit hätten sich die Angaben zu den Kostenblöcken (in Prozent zum Rohertrag) entsprechend erhöht. Je schlechter der Rohertrag, umso höher die Kosten. Ist das eine sinnvolle Aussage? Sicherlich nicht. 2013 erlebte die Branche höhere Roherträge, die zum einen auf neue Regelungen innerhalb des Umsatzes zurückzuführen sind (Kombimodell) und zum anderen auf bessere Einkaufskonditionen, die durch gezieltes Agieren der Lieferanten ausgelöst werden. Der Anstieg von 50 Cent je Rx-Packung (Fixzuschlag 8,10 € → 8,35 € und Kassenabschlag von 2,05 € → 1,85 €) lässt den Umsatz im Vergleich zum Vorjahr enorm steigen und somit auch den Rohertrag. Betrachten wir jetzt wieder die Verhältnisse zu den Kosten, so sinken diese. War deswegen z. B. das Personal effizienter?

Im Februar 2024 verbietet der BGH die Vergabe von Skonti durch Lieferanten im Rx-Bereich. Auch hier hätten wir eine Auswirkung auf die Höhe des Wareneinsatzes und somit auf den Rohertrag. Die Vergleichbarkeit wird wieder erschwert.

Zusammenfassend sei gesagt, dass nach wie vor die Messung im Verhältnis zum Rohertrag sinnvoller ist als der Bezug zum Umsatz, allerdings wird die Vergleichbarkeit zu Vorjahren immer stärker leiden. Die Abweichungen sind zu groß und hauptsächlich durch fremde Faktoren herbeigeführt.

Zusätzlich muss sichergestellt sein, dass über den Wareneinsatz der Rohertrag die tatsächlichen und effektiven Einkaufskonditionen (netto-netto-EK) sowie Bestandsveränderungen beinhaltet. Dies kann nur eine Apotheke gewährleisten, die mit POS arbeitet. POR-Apotheken bleiben bei der Basis Umsatz, da die Warenkosten unterjährig nicht korrekt dargestellt werden können und somit auch der Rohertrag nicht korrekt ist. Sinnvoll ist dann sicherlich eine halbjährliche Betrachtung der Kosten und Umsätze statt der monatlichen BWA-Analyse. Sparen Sie hier Kosten und Zeit und betrachten die Auswertung halbjährig bzw. quartalsweise.

Wichtig: Der Wareneinsatz, der zum jeweiligen Umsatz auch tatsächlich gehört, muss dargestellt sein. Damit ist gemeint, dass häufig in den Warenkosten Positionen verbucht werden, mit denen aber kein adäquater Umsatz generiert worden ist, und somit der Rohertrag zu klein ausfällt. Wenn Sie beispielsweise Taschentücher einkaufen, die Sie den Kunden als kostenlose Beigabe mitgeben, so dürfen diese nicht in den Warenkosten enthalten sein. Wenn Sie aber auf der Lieferantenrechnung keinen entsprechenden Vermerk machen, kann dies der Steuerberater nicht erkennen und bucht es rohertragsbelastend ein. Ähnlich verhält es sich mit dem Einkauf für Filialen oder Partner/Kollegen (Verbund). Wenn diese Ware zum Einkaufspreis weitergereicht wird, so fehlt der entsprechende Umsatz (inkl. Aufschläge) und der Rohertrag fällt zu klein aus.

Wenn also die Berechnungsbasis der Rohertrag ist, muss besonders darauf geachtet werden, dass auch der korrekte Wert in der BWA ausgewiesen ist. Gelingt es nicht und der Rohertrag schwankt zu sehr, so erübrigt sich eine unterjährige Betrachtung dieser Kennzahlen. Die Auswertung ist zu ungenau, und die Maßnahmen, die Sie eventuell ableiten, greifen nicht entsprechend. Ziehen Sie Ihren Steuerberater zurate und stellen Sie sicher, dass die gesamte Einkaufskette transparent ist und in der BWA richtig dargestellt ist.

Stellen Sie sicher, dass ...:
- ... Konditionen- und Lieferantenverträge klar und verständlich sind
- ... Abbuchung, Belastung und Rechnungsstellung den Vereinbarungen entspricht
- ... Sie alle einkaufsrelevanten Aspekte an das Personal, das den Einkaufsprozess mitbegleitet, kommunizieren
- ... bei der Warenannahme der effektive Einkaufspreis ins System erfasst wird bzw.
- ... Sie in Ihrem Warenwirtschaftssystem die Rabatte so hinterlegt haben, dass bei der Erfassung der Warenendbestände der korrekte (echte) Einkaufswert vorliegt
- ... Sie Warenendbestände monatlich an den StB übermitteln
- ... der StB die Wichtigkeit erkennt und in Ihrer monatlichen BWA den »echten« und »korrekten« Wareneinsatz darstellt.

3.1 Arten von Kennzahlen

Prinzipiell werden Kennzahlen wie folgt unterteilt:
- Finanzkennzahlen
- Kennzahlen für Personal
- Kundenkennzahlen
- Kennzahlen für Waren/Lagerkennzahlen
- Prozesskennzahlen
- Sonstige Kennzahlen

Kennzahlen generieren Sie, indem Sie zwei oder mehrere Faktoren miteinander ins Verhältnis setzen. Die Faktoren leiten sich aus verschiedenen Quellen ab. Summen und Zwischenergebnisse werden häufig als »Kennzahlen« beschrieben, sind es aber im eigentlichen Sinne nicht. Für das Controlling sind jedoch diese Ergebnisse innerhalb Ihrer BWA sehr wichtig und daher werden diese in unsere Betrachtung einfließen. Einige Kennzahlen sind rein aus einer Quelle zu schöpfen, wie z. B. der Cashflow, der sich im originären Sinne einzig aus der GuV ableitet, oder der Rohertrag, der einzig aus der BWA heraus abgeleitet wird. Viele Kennzahlen bauen aber sowohl auf Informationen aus der GuV als auch der Bilanz auf, so dass Sie auf verschiedene Quellen zurückgreifen werden (Abb. 43).

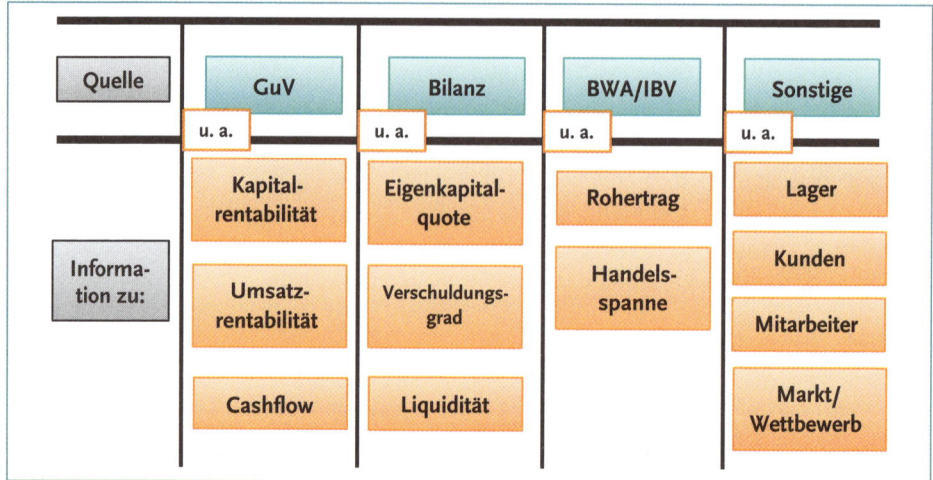

Abb. 43: Quellen betriebswirtschaftlicher Kennzahlen

Das Kennzahlensystem in Abb. 44 fasst zusammen, was innerhalb der Finanzkennzahlen sinnvoll zu messen ist. Es gilt, finanzielle Stabilität aufzuzeigen und eine positive Ertragslage darzustellen. Finanzielle Tragkraft zeigt sich innerhalb Ihrer getätigten Investitionen und der Frage, wie alles finanziert worden ist, sowie der Analyse der liquiden Mittel. Die Ertragslage spiegelt sich innerhalb Ihrer Gewinn- und Verlustrechnung und der daraus resultierenden Rentabilitäten.

Finanzielle Tragkraft			Erfolgssituation	
Investitionen/ Anlagevermögen	Finanzierung/ Kapital	Liquidität	Rentabilität	Kostenstruktur + Erfolg
• Anlagenintensität • Investitionsquote • Investitionsdeckung	• Eigenkapitalquote • Anlagendeckung • Forderungsstand in Tagen • Verbindl. in Tagen • Lagerdauer in Tagen	• Liquidität 1. Grades • Schuldtilgungsdauer in Jahren	• Eigenkapitalrentabilität • Gesamtkapitalrentabilität	• Warenintensität • Personalintensität • FK-Zinsen in % vom Umsatz • AfA in % vom Umsatz • Break-Even-Point in % v. Umsatz • Cashflow in % v. Umsatz

Abb. 44: Übersicht Finanzkennzahlen

3.2 Finanzkennzahlen

Die Finanzkennzahlen gehören zu den wichtigsten Kennzahlen, die Sie in der Apotheke messen können. Nicht nur bei Bankgesprächen fällt häufig die Frage, ob etwas rentabel ist, ob es sich »lohnt«. Stellen *Sie* sich diese Frage, haben Sie bereits begonnen, eine Finanzkennzahl zu beleuchten, nämlich die Rentabilität.

Sie benötigen nun folgende Dokumente:
- Gewinn- und Verlustrechnung
- BWA (bei einer Überprüfung unterjähriger Daten)
- Bilanz

3.2.1 Rentabilität – Wann ist eine Apotheke rentabel?

Einer der betriebswirtschaftlich relevantesten Aspekte ist die Frage nach der Rentabilität der Apotheke. Für Sie heißt das konkret: Hat sich der Einsatz von Kapital im Sinne eines finanziellen Vorteils für den Apothekeninhaber gelohnt? Die nachfolgende Betrachtung wird sich auf die monetär messbaren Werte beziehen.

> **TIPP:**
>
> **»Rendite« ist das Ergebnis einer Rentabilitätsberechnung!**
> Es gibt vier klassische Rentabilitätskennzahlen und daher auch vier unterschiedliche »Renditen«. »*Die* Rendite« gibt es also nicht! So wie das Ergebnis einer Additionsrechnung »Summe« heißt, so heißt das Ergebnis einer Rentabilitätsberechnung »Rendite«. Häufig wird die Gesamtkapitalrentabilität damit gemeint, aber sicher können Sie sich da nicht sein. Werden Sie also gefragt, wie hoch die Rendite in der Apotheke ist, müssten Sie eigentlich erst rückfragen, welche Rendite genau gemeint ist.

Zur Ermittlung der Kapital-Rentabilität werden Gewinn und das investierte Kapital der Apotheke zueinander ins Verhältnis gesetzt und bei der Umsatzrentabilität Gewinn ins Verhältnis zum Umsatz. Das *Ergebnis* dieser Berechnungen heißt Rendite (Eigenkapital-, Fremdkapital-, Gesamtkapital- oder Umsatzrendite). Die Angabe erfolgt immer als Prozentwert.

> **TIPP:**
>
> Denken Sie bei dem Wort »Rentabilität« immer an »Gewinn«! Wenn Sie das schaffen, haben Sie bereits die wesentliche Basis für ihre Berechnung. Rentabilität ist immer das Verhältnis zwischen dem Gewinn und der im Namen genannten Bezugsgröße. Der Quotient wird gebildet und mit 100 multipliziert, um zu einem Prozentwert zu gelangen.
>   Also: Werden Sie nach der Eigenkapitalrentabilität gefragt, so denken Sie sofort an den Gewinn und dann an das, was im Namen steht (hier: Eigenkapital).
> Bsp.: *Eigenkapital*rentabilität (EKR) = Gewinn ÷ *Eigenkapital* x 100

Achtung: Das Kapital einer Apotheke setzt sich in der Regel aus Eigen- *und* Fremdkapital zusammen (in Ausnahmefällen ist eine Apotheke zu 100 % aus nur Eigen-, meistens jedoch überwiegend aus Fremdkapital finanziert) – daraus lassen sich verschiedene Rentabilitäten mit unterschiedlichem Aussagewert ableiten!

*Gesamtkapital*rentabilität = Gewinn : *Gesamtkapital* der Apotheke x 100
*Eigenkapital*rentabilität = Gewinn : *Eigen*kapital x 100
*Fremdkapital*rentabilität = Gewinn : *Fremd*kapital x 100

Die Höhe des Gewinns entnehmen Sie der Gewinn- und Verlustrechnung, die Werte für Eigen- und Fremdkapital finden Sie in der Bilanz.

Es ist bislang absichtlich nicht vertieft worden, welcher Gewinn hier einzusetzen ist. Wir werden zunächst den *Gewinn nach Steuer* verwenden – abgeleitet aus Ihrer Gewinn- und Verlustrechnung. Am Ende des Kapitels wird erneut auf dieses Thema Bezug genommen, wenn es darum geht, die Ergebnisse unterschiedlich zu beeinflussen und zielgruppengerecht darzustellen. Sie können durchaus den Begriff »Gewinn« ausdehnen und unterschiedlich einsetzen. Zunächst widmen wir uns jedoch der klassischen Betrachtung.

Eigenkapitalrentabilität (EKR)

Sie hören Rentabilität, also denken Sie sofort an Gewinn – sehr schön. Wie gesehen, benötigen Sie zunächst den *Gewinn nach Steuer*. Das Eigenkapital wird auch als »Eingebrachtes Kapital« oder »Anfangskapital« bezeichnet. Sie finden diese Angabe in Ihrer Bilanz, auf der Passiva-Seite. Es ist die Menge an Kapital, das der oder die Inhaber aus eigener Kraft in die Apotheke investiert hat/haben und nicht über die Bank aufgenommen ist. Anhand der EKR erkennen Sie, inwieweit sich das selbst investierte Kapital verzinst (rentiert) hat. Bei einer vollständigen Fremdfinanzierung der Bank ergibt die Berechnung der EKR natürlich keinen Sinn.

Eigenkapitalrentabilität (%) = (Ertrag nach Steuern ÷ Eigenkapital) x 100

Beispielrechnung:
Eigenkapital: 80 T €
Ertrag nach Steuer (Gewinn) 22 T €
EKR = (22.000 ÷ 80.000) x 100 = 27,5 %

Auswertung: Der Apothekeneigentümer erzielt eine Verzinsung seines Eigenkapitals in Höhe von 27,5 %. Eine ähnliche oder bessere Verzinsung würde gegenwärtig mit keiner sicheren Geldanlage zu erzielen sein. Das Eigenkapital hat also sehr rentabel in der Apotheke »gearbeitet«; es hat sich »rentiert« und das Unternehmerrisiko hat sich gelohnt. Der Wert ist nach oben hin offen. Die untere Grenze ist nach dem individuellen Empfinden unterschiedlich, liegt aber zumindest auf der Höhe der aktuell erzielbaren Verzinsung von Finanzanlagen auf dem Kapitalmarkt. Seit dem Jahr 2013 liegt der Zins auf Guthabengelder extrem niedrig. Daher kann dann eine Rolle spielen, dass der Inhaber die Annahme treffen könnte, das Geld anderweitig verliehen haben zu können. Vielleicht würde er dann 4 % Zinsen bekommen (natürlich ist das Risiko der Rückerstattung/Tilgung entsprechend höher). So treffen Sie für sich eine Entscheidung, ob Sie es sicher anlegen würden, ob Sie es mit leichtem Risiko anlegen oder gar verleihen würden. Die finale Zinslage wird sich ca. zwischen 1 – 6 % bewegen und dies ist die Mindestgrenze für den Vergleich mit der Eigenkapitalrentabilität Ihrer Apotheke.

Fremdkapitalrentabilität (FKR)
Eine Apotheke kann unterschiedliche »Schulden« haben. Eine Art sind die sogenannten »Verbindlichkeiten aus Lieferungen und Leistungen« gegenüber dem Lieferanten – d. h. Waren, die bereits geliefert wurden, aber erst später bezahlt werden müssen. Diese *unverzinsten* Zahlungsziele werden bei der Betrachtung der FKR nicht berücksichtigt. Nur das Fremdkapital, das entgeltlich der Apotheke überlassen wurde, wird in die Berechnung einbezogen, also die sogenannten *Finanzverbindlichkeiten* bzw. *Bankverbindlichkeiten*.

Die Fremdkapitalrentabilität liefert besonders dem Fremdkapitalgeber Informationen über die wirtschaftliche Sicherheit und weitere Kreditwürdigkeit des Kreditnehmers.

Fremdkapitalrentabilität (%) = (Ertrag nach Steuer ÷ Fremdkapital) x 100

Beispielrechnung:
Fremdkapital: 200 T €
Ertrag nach Steuer (Gewinn) 22 T €
FKR = (22.000 ÷ 200.000) x 100 = 11 %

Auswertung: Die erreichte Rentabilität liegt über den marktüblichen zu zahlenden Zinssätzen für Fremdkapital. Der Kapitalgeber wird in diesem Fall die Apotheke als finanziell sicher und kreditwürdig einstufen. Diese Kennzahl gehört allerdings nicht zu den Kennzahlen, die sich der Apotheker berechnet. Hier gewinnt der Fremdkapitalgeber einen Eindruck, wie rentabel die Apotheke ist, obwohl Zinsen an die Bank gezahlt werden. Denn: Obwohl die Apotheke Zinsen an die Bank zahlt, erwirtschaftet sie immer noch einen Gewinn, der so rentabel ist. Der Wert ist nach oben hin offen. Die untere Grenze entspricht der Höhe des Prozentwertes der gezahlten Zinsen an die Bank.

Die Aussagefähigkeit der einzelnen Rentabilitäten an sich bezüglich der Gesamtsituation der Apotheke ist sehr begrenzt, nein, sie hinkt sogar. Haben Sie eine Idee warum?

Beide Kennzahlen werden unter Zugrundelegung des *gesamt* erwirtschafteten Gewinns ermittelt. Dieser konnte jedoch nur im Zusammenspiel von Eigen- *und* Fremdkapital erzielt werden. Die Einzelkennzahlen Eigen- und Fremdkapitalrentabilität geben somit dem Apotheker bzw. Fremdkapitalgeber einen Hinweis zur Rentabilität des Kapitals, nicht aber zur Rentabilität der Apotheke. Die Frage, welcher Teil des Gewinns wurde durch das Fremdkapital und welcher durch das Eigenkapital erarbeitet, kann praktisch nicht beantwortet werden. Somit muss das gesamt aufgewendete Kapital dem insgesamt erwirtschafteten Gewinn gegenübergestellt werden. Dies geschieht durch Ermittlung der Gesamtrentabilität. Der Gewinn wird nur durch die Summe von Eigen- und Fremdkapitaleinsatz erwirtschaftet!

> **MERKE:**
> Eine Aussage zur Rentabilität der Apotheke als Ganzes kann nur aus der Berechnung der *Gesamtkapital*rentabilität abgeleitet werden!

Gesamtkapitalrentabilität (GKR)

Das Gesamtkapital ist die Summe Ihres Eigen- und Fremdkapitals. Wie zuvor auch, entnehmen Sie diese Angaben aus Ihrer Bilanz (Passiva).

Gesamtkapitalrentabilität (%) = (Ertrag nach Steuer ÷ Gesamtkapital) x 100

Beispielrechnung:
Gesamtkapital (= EK + FK): 80 T € + 200 T € = 280 T €
Ertrag nach Steuern: 22 T €
GKR = (22.000 ÷ 280.000) x 100 = 7,86 %

Auswertung: Die Gesamtkapitalrentabilität wird mit dem üblichen, für eine sichere Anlage zu erzielenden, jährlichen Kapitalmarktzins verglichen. Das gesamte Kapital in Höhe von 280 T€ kann auf dem (sicheren) Kapitalmarkt keine Verzinsung von 7,86 % erbringen. Die GKR hier liegt also (weit) über dem üblichen zu erzielenden Kapitalmarktzins. Diese Apotheke ist also ein sehr rentables Unternehmen, in das es sich lohnt zu investieren. Glück gehabt …

Zu Beginn des Kapitels wurde darauf hingewiesen, dass die Frage nach dem »sich lohnen« nicht nur mit monetären Fakten zu beantworten ist. Natürlich gibt es neben den finanziellen Aspekten auch andere Beweggründe, eine Apotheke zu betreiben und dort Kapital zu investieren. Diese nicht-monetären bzw. persönlichen Aspekte – wie z. B. die Fortführung einer langjährigen Familientradition oder das Bedürfnis, der eigene Chef sein zu können etc. – sind ebenfalls von großer Bedeutung und sollten neben den betriebswirtschaftlichen Faktoren mit in die unternehmerischen Überlegungen einfließen. Sie sind jedoch sehr individuell und nicht zu verallgemeinern bzw. monetär messbar.

> **TIPP:**
> Für Ihre Praxis reicht die Berechnung der Eigen- und Gesamtkapitalrentabilität aus. Beobachten Sie die jährliche Entwicklung des investierten Kapitals und die damit einhergehende Rentabilität. Die Betrachtung der Fremdkapitalrentabilität können Sie der Bank überlassen.

Sinnvollerweise betrachtet man diese Kapitalrentabilitäten einmal pro Geschäftsjahr. Das Eigenkapital wird zwar ständig durch Ihre Privatentnahmen und Einlagen verändert, letztendlich ist das aber sehr normal, und es zählt der nur Status zu Beginn des Geschäftsjahrs und am Ende. Gerade durch die Tatsache, dass der Gewinn nach Steuer das Eigenkapital verändert, gilt es nur am Jahresende zu messen, welche Rentabilität sich daraus ergibt.

Umsatzrentabilität (UR)

Neben den Kapitalrentabilitäten können Sie auch die Umsatzrentabilität berechnen. Hier wird das Verhältnis gebildet zwischen dem Gewinn und den erzielten Umsätzen. Die Umsatzerlöse entnehmen Sie Ihrer Gewinn- und Verlustrechnung bzw. Ihrer BWA.

Die Verwendung der Umsatzerlöse zur Berechnung der UR ist nicht so einfach wie bei anderen Unternehmen, wo die Preiskalkulation vollständig in eigener Hand liegt. In der Apotheke wird der Umsatz (oft der größte Teil) durch politischen Einfluss bestimmt (Rx Umsatz).

Besonderheit im Rx-Bereich: Im Jahr 2004 wurde das sogenannte Kombimodell in Kraft gesetzt, das im Laufe der folgenden Jahre hauptsächlich über den Abschlag (Kassenrabatt) verändert wurde. Für die Berechnung des Umsatzes mit der gesetzlichen Krankenversicherung gilt (Rx-Umsatz):

Apothekeneinkaufspreis (AEP)

+ 3 % auf AEP
+ 8,35 € pro Packung Fixzuschlag
+ 0,21 € (durchlaufender Posten, da wieder abzuführen, ANSG)
+ 0,20 € (durchlaufender Posten, da wieder abzuführen, pDL)
+ 19 % MwSt.
− 1,68 € Abschlag (netto) GKV
− 0,21 € (ANSG)
− 0,20 € (pDL)

Wenn Sie nun die Entwicklung Ihrer Umsätze betrachten, ist die Orientierung an den Packungen einfacher, da durch die Schwankungen im Abschlag die Vergleichbarkeit erschwert wird. Der Abschlag unterliegt Verhandlungen und hat sich in der Vergangenheit mehrfach geändert:

	Datum	brutto	netto
	01.01.2004	2,00 € brutto	1,68 € netto
	01.01.2007	2,30 € brutto	1,93 € netto
	01.01.2009	1,75 € brutto	1,47 € netto
	01.01.2011	2,05 € brutto	1,72 € netto
	01.01.2013	1,75 € brutto	1,47 € netto
	01.07.2013	1,85 € brutto	1,55 € netto
	01.01.2014	1,80 € brutto	1,51 € netto
	01.01.2015	1,77 € brutto	1,49 € netto
Seit	01.02.2023	2,00 € brutto	1,68 € netto

Bitte entnehmen Sie genauere Angaben zu gesetzlichen Abschlägen der Krankenkassen. Derzeit aktuell: Fünftes Buch Sozialgesetzbuch – Gesetzliche Krankenversicherung –

Viertes Kapitel – Beziehungen der Krankenkassen zu den Leistungserbringern (§§ 69–140 h)

Siebter Abschnitt – Beziehungen zu Apotheken und pharmazeutischen Unternehmern (§§ 129–131)

Die Umsatzrentabilität dient dazu, Unternehmen untereinander vergleichbar zu machen. Im Zuge der Filialisierung begann man damit, auch Apotheken häufiger miteinander zu vergleichen. Eine häufig betrachtete Umsatzrentabilität in Deutschland ist die vom Lebensmitteleinzelhandel. Hier bleiben häufig gerade mal 1 bis 2 €-Cent von einem Euro des Kunden als Gewinn übrig! Als Einzelunternehmen würde man sich sicherlich nicht lange halten können. Diese Einkaufsmärkte befinden sich jedoch im starken Konkurrenzdruck, und so entscheidet oft der übergeordnete Konzern, diesen Supermarkt zu halten, damit der Mitbewerber den Markt nicht besetzt.

Umsatzrentabilität (%) = (Gewinn ÷ Umsatzerlöse) x 100

Beispielrechnung:
Umsatzerlöse: 900 T €
Ertrag nach Steuern: 22 T €
Umsatzrentabilität = (22.000 ÷ 900.000) x 100 = 2,4 %

> **TIPP:**
> Die Höhe der Umsatzerlöse entnimmt man der Gewinn- und Verlustrechnung. Netto-Wert, also ohne Mehrwertsteuer.

Auswertung: Das Ergebnis ist nicht wie zuvor bei den Kapitalrentabilitäten mit dem Kapitalmarktzins zu vergleichen. Sie fragen sich vielmehr, wie viel Gewinn Sie mit den Kundengeldern erwirtschaften. Hier: Mit jedem Euro, den die Apotheke von Ihren Kunden einnimmt, erwirtschaftet sie 2,4 €-Cent Gewinn. Das bezieht sich unmittelbar auf Ihre operative Tätigkeit, das eigentliche Apothekengeschäft.

Je stärker also der Preiskampf, desto niedriger der zu erzielende Umsatz und somit der Gewinn. Apotheken befinden sich immer mehr im starken Wettbewerb. Nur gibt es hier leider keinen großen Konzern, der über eine Mischkalkulation alles ausgleicht. Während immer noch in der Bevölkerung weit verbreitet angenommen wird, alle Apotheker seien die Bessergestellten der Gesellschaft, so erstaunt doch folgende Situation: Die Umsatzrentabilität einer durchschnittlichen Apotheke in Deutschland lag 2008 bei 0,3 % und 2009 bei sogar nur 0,1 %. Seit 2010 werden zu der Umsatzrentabilität der Apotheken keine offiziellen Grafiken veröffentlicht, da die schlechten Ergebnisse, vor allem in den Jahren 2011 und 2012, nicht abbildbar sind. In der nachfolgenden Grafik sehen Sie sogar ein noch älteres Erscheinungsdatum. Das war die letzte Grafik, die die ABDA zu dem Thema offiziell veröffentlicht hat.

3. Kennzahlen und Key Performance Indicators (KPIs)

Was bleibt von 100,– EUR Umsatz?	
Bruttoumsatz	100,00 EUR
– MwSt.	13,80 EUR
= Nettoumsatz	86,20 EUR
– Wareneinsatz	62,40 EUR
= Rohertrag	23,80 EUR
– steuerlich abzugsfähige Kosten	17,60 EUR
= steuerliches Betriebsergebnis	6,20 EUR
– kalkulatorische Kosten	5,90 EUR
= betriebswirtschaftliches Ergebnis	0,30 EUR

Quelle: ABDA-Bundesvereinigung Deutscher Apothekerverbände, www.abda.de © 2007

Abb. 45: 100,- EUR Umsatz näher betrachtet

Die obige Abbildung ist schon älter und soll den Sinn der Kennzahl verdeutlichen. Wenn Sie der Verlauf dieser Kennzahl interessiert, so können wir für 2023 folgende Annäherung finden:

Annahme bleibt identisch, dass der Kunde einen »bunten Durchschnitt« an der Kasse mit 100 € bezahlt und die Zahlen sich somit nicht auf nur den Rx-Umsatz beziehen, sondern auf den Gesamtumsatz, sowie sich auch die Kosten vom Umsatz in Prozent auf eben diesen beziehen.

Für 2023 wurde ein Umsatz von 3,443 Mio. € veröffentlicht sowie 79,4 % Wareneinsatz und 16,7 % Betriebskosten. Nachfolgend abgebildet:

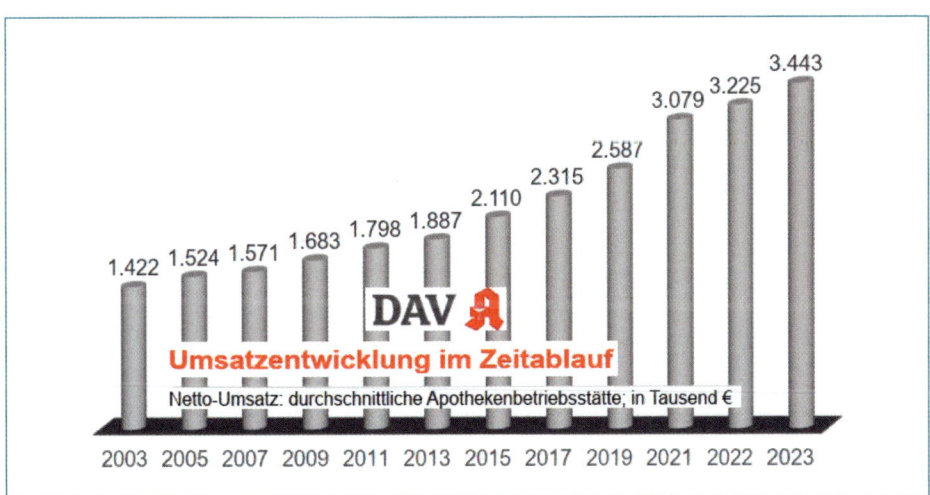

Abb. 46: Netto-Umsatzentwicklung. Quelle: ABDA

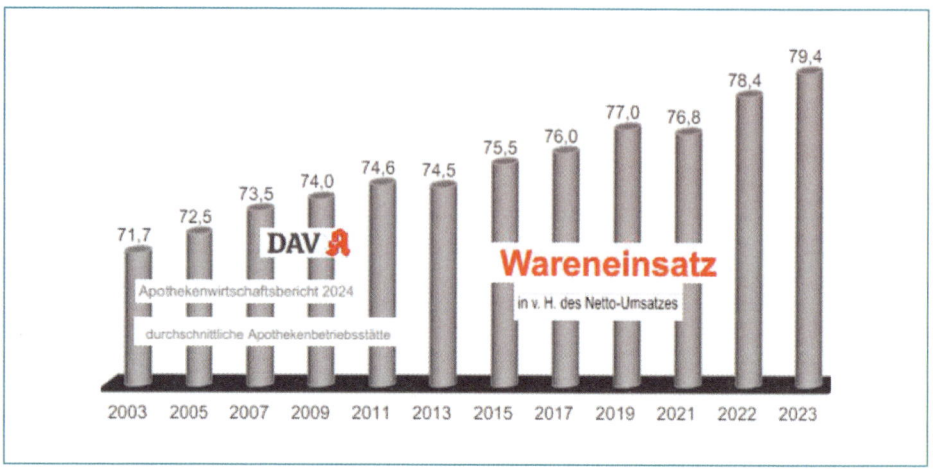

Abb. 47: Wareneinsatz. Quelle: ABDA

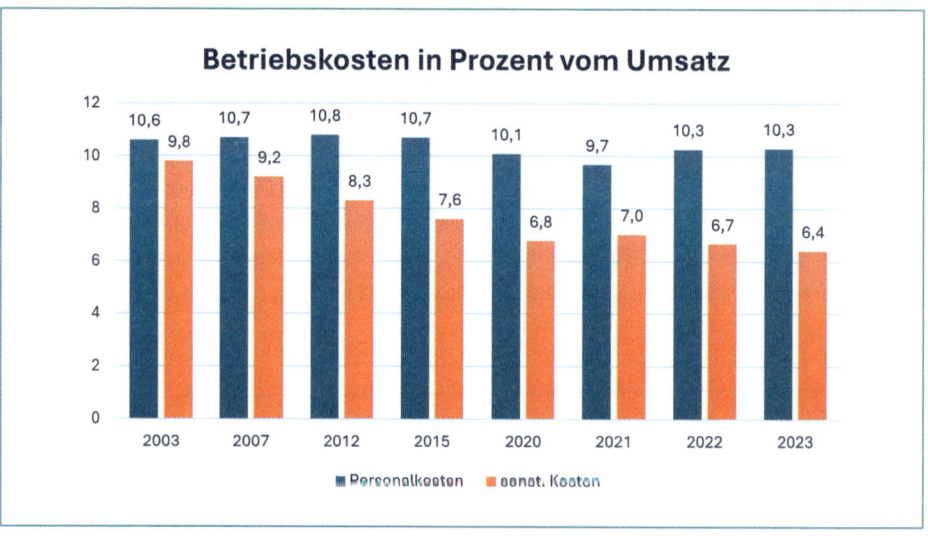

Abb. 48: Entwicklung Betriebskosten im Vergleich zum Umsatz der durchschnittlichen Apotheke

Werden die Angaben aus dem Jahr 2023 auf das 100-€-Beispiel übertragen, weiterhin der Spitzensteuersatz unterstellt, so gilt nur noch eine Annahme den kalkulatorischen Unternehmerlohn zu treffen. Hierbei nehmen wir 80.000 € an, was 2,32 % von 3,4 Mio. EUR Umsatz entspricht (Rundungsdifferenzen möglich). Sehen Sie in der nachfolgenden Abbildung die Anwendung der aktuellen Prozentangaben auf einen durchschnittlichen Kundeneinkauf in der Apotheke im Wert von 100 €:

3. Kennzahlen und Key Performance Indicators (KPIs)

Was bleibt von 100,– EUR Umsatz?		
Bruttoumsatz / 1,19 = 84,03 EUR	100,00 EUR = 119 % (MwSt. 15,97 EUR)	
= Nettoumsatz	100 %	83,04 EUR
− Wareneinsatz	79,4 %	66,72 EUR
= Rohertrag		17,31 EUR
− steuerlich abzugsfähige Kosten	16,7 %	14,03 EUR
= steuerliches Betriebsergebnis		3,28 EUR
− Einkommenssteuerbelastung	42 %	1,38 EUR
= Ergebnis nach Steuer		1,90 EUR
− kalkulatorische Kosten	2,32 %	1,95 EUR*
= Apothekenergebnis		− 0,05 EUR

* Fair halte ich es zu erwähnen, dass der angesetzte kalkulatorische Unternehmerlohn bei einem Vollzeit-Chef, der auch noch einen Kredit zu tilgen hat, so nicht ausreicht. Und die Apotheke ist trotzdem in einem Minus! 2022 waren wir noch in einem leichten Plus.

Abb. 49: Apothekenergebnis von 100,- EUR Umsatz, Beispielrechung

Wichtig ist, dass Sie bei solchen Veröffentlichungen die einzelnen Parameter beleuchten. Hier wird der Bruttoumsatz genommen und der Gewinn beinhaltet bereits die kalkulatorischen Kosten des Inhabers (vor allem den kalkulatorischen Unternehmerlohn). Anzunehmen ist also, dass die hier erwähnten 0,05 Cent der effektive Wert ist, mit dem der Apotheker nun »leben« soll.

Die Zahlen sind schon lange nicht zufriedenstellend. So erzielte eine durchschnittliche Apotheke z.B. in 2009 ca. 10 €-Cent Gewinn an 100 € Umsatz (siehe Abbildung 49).

Welche Maßnahmen können aus der Umsatzrentabilität im Zuge des Controllings abgeleitet werden?

Je höher die Umsatzrentabilität, desto besser für die Apotheke. Beeinflusst wird sie durch Gewinn und Umsatzerlöse. Gewinnerhöhung ist das Ziel. Mehr Umsatz bei steigenden Kosten (= höherer Wareneinsatz, mehr Personalaufwand, weiteres Marketing) ist nicht die Lösung.

Erfolgsrelevante Stellschrauben:
- Gesamtkostenreduzierung (führt zu höherem Gewinn, jedoch mit welchen Konsequenzen?), daher liegt der Fokus auf Kosten*optimierung*. Optimierung der Einkaufskonditionen und Personalkosten sind primär anzugehen. Professionalisierung im Einkauf und effizienter Einsatz des Personals ist anzustreben.
- Umsatzsteigerung (Erhöhung der Mengen, der Preise oder beides – wenn das machbar ist). Zusatzverkauf ist in Apotheken wichtiger denn je. Hier gilt es übergreifende Prozesse zu definieren, die damit beginnen, dass schon clever eingekauft wird (höhere Mengen zu besseren Konditionen), im Team eine entsprechende Kommunikation stattfindet, dass auch

gezielt die Empfehlungen passend zum Stücknutzen in der Reihenfolge genannt werden (immer im Einklang mit Ihrer pharmazeutischen Verantwortung!). Motivieren Sie stets die Mitarbeiter zum Zusatzverkauf (denkbar mit Messung und Prämien).
- Schnelldreher richtig kalkulieren. Überprüfen Sie stets den Aufschlag und die Preistransparenz. Oft sind Kunden überrascht, dass Schmerzmittel »nur so wenig« kosten.
- Optimierung der Lieferantenkonditionen (weniger Vielfalt im Sortiment, jedoch bessere Einkaufspreise)
- Ausweitung OTC/non-Rx – denn hier können Sie Gewinnaufschläge kalkulieren!

Die Empfehlung zum Zusatzverkauf kann bei jeder Kennzahl wiederholt werden. Da dieses Thema so wichtig ist, sollten Sie sich zusätzlich mit den entsprechenden Vertriebsthemen (auch über Schulungen) auskennen.

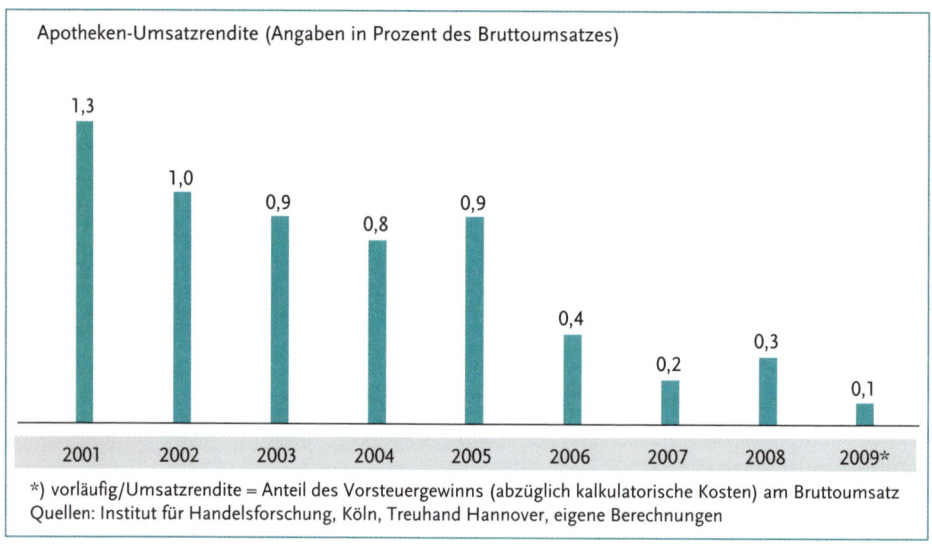

Abb. 50: Apotheken-Umsatzrendite

3.2.2 Umsatzveränderung (Wachstum, Schrumpfung)

Das Messen der Umsätze ist gerade im Einzelhandel eine gängige Vorgehensweise. Es wird vom „wichtigen Indikator für die wirtschaftliche Gesundheit des Sektors" gesprochen[1]. So ist zu lesen, dass im Februar 2024 der deutsche Einzelhandel im Vergleich zum Vorjahresmonat ein Umsatzplus von 1,7 Prozent (real) bzw. ein Umsatzplus von vier Prozent (nominal) verzeichnete. Dies zeigt eine positive Entwicklung im Handelssektor.

Reales Wachstum bedeutet in diesem Zusammenhang die reine Veränderung der Zahl an sich. Nominales Wachstum berücksichtigt die Inflation und somit die tatsächliche Kaufkraft Ihrer Kunden.

---
[1] de.statista.com

Doch während der Einzelhandel seinen gesamten Umsatz mehr oder weniger direkt selbst kalkulieren kann, ist im Apothekensektor die Umsatzbetrachtung völlig anders zu sehen. Wenn in der Apotheke der Umsatz plötzlich um 100.000 € gestiegen ist, kann es gleichzeitig bedeuten, dass die Apotheke trotzdem ein negatives Ergebnis hierbei erwirtschaftet (es könnte sich hierbei um Patienten mit sehr teuren Arzneimitteln handeln. Wenn die Einkaufskonditionen mangelhaft sind und gleichzeitig die Gebühren für die Zahlungsabwicklung hoch sind, so kann dies schon zu einem negativen Rohertrag führen. Retax-Risiko noch nicht einmal erwähnt).

Messen Sie Veränderung der Rezepte PKV-Rx, PKV-non-Rx, GKV-Rx, GKV-non-Rx im Vergleich zum Vorjahr; Gleiches für Packungen. Die Veränderung des Umsatzes wird im Umsatzindex angegeben.

Umsatzindex = (Umsatz abgelaufenes Jahr ÷ Umsatz Vorjahr) x 100

Beispielrechnung:
Umsatzerlöse 2024:   900 T €
Umsatzerlöse 2025:   1.200 T €
Umsatzindex =   (1.200.000 ÷ 900.000) x 100 = 133,33 %

Der Umsatz konnte im Vergleich zum Vorjahr um 33 % gesteigert werden. Noch wichtiger als das errechnete Ergebnis ist aber die Kenntnis über die Ursachen der Veränderungen!

Auswertung: Sie werden nicht eine sinnvolle Kennzahl zum Rx-Umsatz finden, solange er überwiegend von der gesetzlichen Situation beeinflusst wird. Es ist vielmehr wichtig, dass Ihnen bekannt ist, wie genau sich Ihr Umsatz zusammensetzt. Im non-Rx-Bereich ist die Kalkulation entscheidend, so dass Sie stets die Produkte gewinnbringend verkaufen. Im Rx-Bereich spielt es eine Rolle, ob Sie hoch- oder niedrigpreisige Produkte verkaufen. Das Kombi-Modell wirkt sich auf niedrigpreisige Produkte wirtschaftlicher aus als auf teure Arzneimittel. Ebenfalls sollten Sie regelmäßigen Kontakt halten zu Ärzten, die auf den Rezeptumsatz in Ihrer Apotheke Einfluss ausüben. Die Auflagen für Verschreibungen wirken sich auf Ihren Umsatz, aber auch die Arzttätigkeit aus. Gehen Sie pro-aktiv auf Ärzte zu, um zu erfahren, wie sich voraussichtlich die nächsten Jahre gestalten werden. So erfahren Sie möglicherweise mehr über geplante Schließungen und Nachfolgeregelungen.

Müssen Sie Hochpreisartikel vorfinanzieren, entstehen zusätzlich Kapitalkosten, die die gesamte Wirtschaftlichkeit auf den Prüfstand stellen. In der Praxis muss aber wiederum berücksichtigt werden, dass die reine Finanzkennzahlbeleuchtung ins Verhältnis zum Kundennutzen gestellt werden muss. Müssen Sie erst ein Produkt bestellen, wenn der Kunde es benötigt, kann es sein, dass es den Kunden nicht zufriedenstellt und er lieber das Rezept anderweitig einlöst und die somit einhergehende Chance auf Zusatzumsatz absolut entfällt. Daher muss immer der finanzielle Vorteil und der Effekt beim Kunden gleichzeitig betrachtet werden (Lieferfähigkeit).

3.2.3 Berechnung von Rentabilitäten nach »Verwendungszweck« – Rentabilität für Fortgeschrittene

Sehr interessant ist die Frage, welcher »Gewinn« bei Berechnung von Gewinn-Kennzahlen zugrunde zu legen ist. Es gibt nämlich mehrere Gewinndefinitionen. Es kommt ganz darauf an, für wen die Aussage dieser Kennzahl bestimmt ist. Möchten Sie bei Bankgesprächen und bei Gewinnung von Geschäftspartnern beeindrucken, sollten Sie die möglichst günstigste Größe nehmen (höchsten Gewinn, um die höchste Rentabilität zu errechnen).

Aktiengesellschaften, die im Zeitalter der Shareholder-Value-Orientierung permanent »so erfolgreich wie möglich auftreten« möchten, scheuen oft nicht davor, hier das EBITDA als Berechnungsgrundlage zu wählen. Dies ist in zahlreichen Beispielen aus Wirtschaftsartikeln zu sehen.

»Gewinn-Varianten«

EBT
- »Earnings before Taxes«
- entspricht Gewinn vor Steuer (bei Apotheke: Gewinn vor Einkommenssteuer)

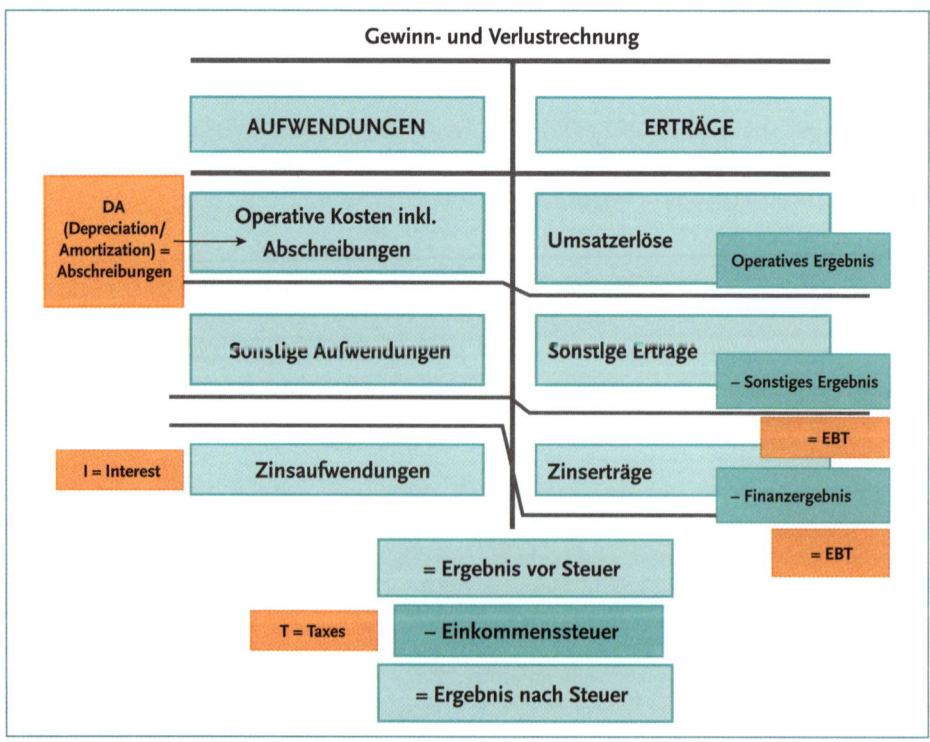

Abb. 51: Aufbau der Gewinn- und Verlustrechnung

EBIT
- »Earnings before Interest and Taxes«
- entspricht Gewinn vor Steuern und vor Finanzergebnis (Zinsen, Beteiligungen)
- berücksichtigt wird das operative Ergebnis der Apotheke (bei richtiger Darstellung der BWA entspricht es dem Betriebsergebnis)

EBITDA
- entspricht EBIT, also ohne Interest + Tax und noch ohne Depreciation and Amortization (Abschreibungen)
- Amortizations sind Abschreibungen auf immaterielle Vermögensgegenstände (Firmenwerte, Lizenzen)
- Depreciations sind Abschreibungen auf Sachanlagen (materielle Güter). Da Abschreibungen keinen Geldabgang bedeuten, dennoch aber den Gewinn schmälern, werden Sie nun in dieser Kennzahl wieder herausgerechnet.
- Nutzen Sie diese Größe auch für Mitarbeiter-Prämien, da ein Mitarbeiter diese Größe gut beeinflussen kann (eher Filialleitung).

Möchten Sie für sich selbst als Apothekenleiter eine »ehrliche« Erkenntnis gewinnen, so nehmen Sie den *Ertrag nach Steuer* als Gewinngröße *und* lassen außerdem *kalkulatorische Aspekte* wie kalkulatorischer Unternehmerlohn mit einfließen (= Unternehmensergebnis). Sollten Sie darstellen wollen, dass Sie eine sehr rentable Apotheke betreiben, und besonders auf Ihr Außenbild bedacht sein, so haben Sie die Möglichkeit, die Größe Gewinn im Zähler durch das EBITDA (= Earnings before Interests, Tax, Depreciation and Amortization) zu ergänzen. EBITDA ist eine moderne Gewinndefinition. In der klassischen Betrachtung wird der Gewinn *nach* Steuer herangezogen, in diesem Fall wäre es der Gewinn *vor* Steuer, vor Zinsen und vor Abschreibungen. Gerade Apotheken mit einem hohen Investitionsvolumen und somit sehr hohen Abschreibungen erzielen hier ein wesentlich besseres Ergebnis, als wenn für den Gewinn die Größe Ertrag *nach* Steuer verwendet worden wäre.

Gesamtkapitalrentabilität (GKR)
Beispielrechnung EBITDA-basierend:
Gesamtkapital (= EK + FK): 80 T € + 200 T € = 280 T €
Ertrag nach Steuern: 22 T €
Abschreibungen: (−) 5 T €
Finanzergebnis: − 8 T €
Einkommenssteuer: (−) 9 T €
EBITDA-»Gewinn«: 22 T € + 8 T € + 9 T € + 5 T € = 44 T €

Das »B« (before) ist die entscheidende Zauberformel. Alle Werte, die zuvor den Gewinn geschmälert haben (-), werden jetzt wieder aus der Berechnung genommen und mit dem umgekehrten Vorzeichen verrechnet.

Beispielrechnung GKR (EBITDA-basierend):
44.000 : 280.000 x 100 = 21,15 % GKR

Auswertung: Die GKR über die klassische Berechnungsweise ergab 7,86 %. Sie erkennen den enormen Unterschied? An dieser Vorgehensweise ist nichts falsch. Die Auslegung von Kennzahlen ist nicht festgeschrieben und flexibel; je nach Sicht der Situation. Das ist eine Art Bilanz- bzw. Finanzpolitik. Sie können hier argumentieren, dass weder die Steuer noch die Zinsen unmittelbar das operative Geschäft beeinflussen. Die Einkommenssteuerzahlungen fallen unterschiedlich aus und somit ist die Vergleichbarkeit besser gegeben. Die Abschreibungen spiegeln Wertverluste wieder und sind somit »fiktiv«, sie bedeuten keinen Geldabfluss. Daher kann die Größe EBITDA als der tatsächliche operative Gewinn gesehen werden. Das hat seine volle Berechtigung. Wenn sich börsennotierte Konzerne dieser Kennzahl bedienen können, dürfen Sie es sicherlich auch.

Verwendungszweck: Ehrliches Selbstbild
Die bislang erfolgten Betrachtungen basieren auf Angaben aus Ihrer Gewinn- und Verlustrechnung sowie der Bilanz. Kalkulatorische Aspekte, wie der kalkulatorische Unternehmerlohn, sind keine steuerwirksamen Aufwendungen und werden daher nicht in der Gewinn- und Verlustrechnung aufgeführt. Das ist aber kein Grund, diese bei der Betrachtung der Rentabilität Ihrer Apotheke außen vor zu lassen. Wäre Ihre Apotheke eine Kapitalgesellschaft, so wären Sie als Geschäftsführer der Apotheke angestellt und Ihr Gehalt würde in die Personalaufwendungen einfließen. Dies würde den Gewinn vor Steuer mindern. Wir hätten dann das Ergebnis für die Unternehmung im Gesamten und nicht das zu versteuernde Einkommen des Apothekers, wie es ja im Falle der Einzelunternehmung ist. Daher wird hier von dem »ehrlichen Gewinn« gesprochen und gemeint ist damit der Erfolg der Unternehmung Apotheke (= Unternehmensergebnis).

Anmerkung kalkulatorischer Unternehmerlohn: Gerade bei dieser Kennzahl soll nicht der Wert herangezogen werden, den Sie aufbringen müssten, um eine Vertretung sicherstellen zu können. Hier geht es um Ihre tatsächliche Wertigkeit als Chef und Inhaber der Apotheke, inklusive aller Verpflichtungen wie z. B. Arbeitspensum, private Haftung etc.

Ergebnis nach Steuer − kalkulatorischer Unternehmerlohn = Unternehmensergebnis

Wann ist eine Apotheke rentabel? − Zugabe für Fortgeschrittene
Die bereits dargestellten Rentabilitätskennzahlen im Kapitel 3.2.1 bauen auf dem Gewinn nach Steuern auf. Für Apotheken ist jedoch entscheidend, dass der kalkulatorische Unternehmerlohn bislang in dieser Berechnung nicht berücksichtigt wurde. Der tatsächliche (ehrliche) Gewinn ist um diese Größe kleiner. Daher sollten Sie berechnen, wie rentabel das tatsächliche Unternehmensergebnis ist.

Die »ehrlichste« Darstellung Ihrer Rentabilität ist die: Gesamtkapitalrentabilität (GKR) basierend auf dem Ertrag nach Steuern (inkl. kalkulatorischem Unternehmerlohn)

Beispiel:
Annahme Höhe kalk. U'lohn: 80.000 €
Gesamtkapital = EK + FK = 80 T € + 200 T € = 280 T €
Gewinn nach St.: 22.000 €
Unternehmensergebnis: 22.000 − 80.000 = − 58.000 €

In diesem Fall ist das Unternehmensergebnis negativ und eine Rentabilitätsbetrachtung ergibt keinen Sinn. Sie würden mit jedem Sparbuch eine bessere Verzinsung bekommen als mit dieser Apotheke. Leider ist das nach den aktuellen Zahlen bei zwei Dritteln aller Apotheken der Fall.

Abb. 52: Rentabilität

Als weitere den Gewinn beschreibende Kennzahl sei hier der EAT IEP B DA vorgeschlagen:
EAT   Earnings after Tax   Ergebnis nach Steuer
IEP   Imputed Enterpreneurial Profit   (vor) kalk. U'lohn
B   Before   vor
DA   Depreciation, Amortization Abschreibungen

Meiner Ansicht nach ist das aus der Perspektive des Inhabers die optimale Kennzahl. Sie betrachten hier den Gewinn der Apotheke (Cashflow), schmälern jedoch nicht wie beim EBITDA diesen Wert um Zins- und Steuerzahlungen. Diese sind tatsächlich abgeflossen und stehen der Apotheke nicht in der neuen Periode zur Verfügung. Jetzt wird jedoch der Gewinn um den kalkulatorischen Unternehmerlohn geschmälert.

Setzten Sie nun diesen Gewinn ins Verhältnis zum investierten Kapital, so erhalten Sie wohl die aussagefähigste Kennzahl bezüglich Ihrer Rentabilität.

3.2.4 Liquidität

Liquidität ist kein eigenständiger Posten in der Bilanz, sondern leitet sich aus verschiedenen Faktoren ab. Unter Liquidität versteht man die Fähigkeit, allen Zahlungsnotwendigkeiten und allen Zahlungsverpflichtungen nachkommen zu können und zwar termingerecht und betragsgenau (»*absolute Liquidität*«). Die *relative Liquidität* bezieht sich auf Zahlungsverpflichtungen und liquidierbare Vermögenswerte zu einem bestimmten Stichtag. Die Priorität lautet: Liquidität vor Rentabilität.

Liquidität = (Liquide Mittel 1./ 2. Grades ÷ Kurzfristige Verbindlichkeiten) x 100

Kurzfristige Verbindlichkeiten sind im Gegensatz zu Bankverbindlichkeiten in der Regel Schulden bei Lieferanten.

Liquide Mittel 1. Grades:
- Bargeldbestände
- Bankguthaben
- Wechsel (selten)

Liquide Mittel 2. Grades:
- Forderungen a. LL.
- Vorräte (falls veräußerbar)
- Sachanlagevermögen (falls gut veräußerbar)

Auch rentable Apotheken können schnell in eine Unternehmenskrise geraten. Ursache liegt dann oft bei einer angespannten Liquiditätssituation. Schon ein Rezept für ein sehr teures Arzneimittel, das Sie vorfinanzieren müssen, kann Sie in Liquiditätsnot bringen. Lieferanten und Banken reagieren daraufhin nervös und leiten Maßnahmen zur Sicherung von Forderungen ein. Es kann sogar so weit gehen, dass der Großhandel seine Lieferung einstellt. Ein Kreislauf entsteht, der dann die Apotheke in eine echte Krise führt. Allerdings werden Zahlungen der Krankenkassen aus dem Rx-Umsatz als »relativ sicher« eingestuft; bei hochpreisigen Arzneimitteln haben Sie eventuell die Möglichkeit, über die Abrechnungszentren eine Vorabfinanzierung zu vereinbaren.

Die genaue Kenntnis der Liquiditätssituation gehört vor allem auf die Tagesordnung des Geschäftsführers. Gerade, wenn in den BWAs leistungsbezogen gebucht wird und nicht erst bei Zahlungsfluss (so soll es auch sein!). Ein Liquiditätsplan, wie auch der Rolling Forecast, werden nicht nur bei Kreditanträgen von Banken verlangt, sondern gehören zwingend zum strategischen Management der Apotheke. Im Zuge des Controllings kann hier wieder mit einem Soll-Ist-Abgleich gearbeitet werden. Zu einer guten Apothekensteuerung gehört in diesem Zusammenhang ein effektives Debitorenmanagement, d. h. klar geregeltes Handling der Forderungen und der Geldeingänge. Dies hat vom Controlling unabhängig zu geschehen.

3.2.5 Cashflow

Der Cashflow ist eine besonders wichtige Kennzahl zur Darstellung der Ertragslage. »Cashflow« lädt sehr dazu ein, mit »Geldfluss« übersetzt zu werden, das ist aber nicht richtig, sinngemäß würde man besser von »Innenfinanzierungskraft« sprechen. Cashflow ist eine Kennzahl, die das Ergebnis nach Steuer um alle fiktiven (nicht-zahlungswirksamen) Werte korrigiert: Der Gewinn/Verlust als Endergebnis Ihrer Gewinn- und Verlustrechnung und beinhaltet u. a. Abschreibungen (AfA). Da aber die Abschreibungen nicht zahlungswirksam waren, sondern nur fiktiv, fällt Ihr »eigentlicher« Gewinn höher aus, als auf dem Papier dargestellt. Gleiches gilt auch bei Auflösung oder Bildung von Rückstellungen.

Trennen Sie bitte den Begriff von demjenigen der Liquidität, denn hier betrachten Sie den Status der Finanzmittel. Haben Sie zum Beispiel einen hohen Umsatz generiert, aber Ihr Rechenzentrum hat noch nicht den Betrag überwiesen, dann haben Sie auch kein Geld auf dem Konto, das Ihnen zur Verfügung steht. Wollen Sie jedoch Ihren Erfolg der Apotheke messen, so lösen Sie sich von dem Gedanken, Ihren Kontostand zu beobachten, sondern gehen dazu über, den Gewinn aus der Gewinn- und Verlustrechnung zu betrachten. Der Umsatz hier würde den Gewinn trotzdem erhöhen, auch wenn er noch nicht überwiesen wurde.

Treffen wir folgende Annahme: Sie haben einen Umsatz von 900.000 € erzielt, Wareneinsatz von 702.000 € (78 %) und Ihre Betriebskosten liegen bei 198.000 € (22 %). Innerhalb Ihrer Betriebskosten sind jedoch 6.000 € Abschreibungen.

	Umsatzerlöse	900.000 €
−	Wareneinsatz	702.000 €
=	Rohertrag	198.000 €
−	Betriebskosten	198.000 €
=	Gewinn v. St.	0 €

Auf den ersten Blick fällt also die »schwarze Null« auf. Wir wollen aber die Innenfinanzierungskraft (»Cashflow«) wissen. Wie viel bringen wir wirklich mit ins neue Geschäftsjahr? Wovon könnte nun ein neuer Kühlschrank für die Apotheke gekauft werden? Bei einem zunächst sichtbaren Ergebnis von Null erscheint der Kauf unrealistisch. Aber mit dem Cashflow geht es, denn er berücksichtigt, dass Abschreibungen »fiktiv« sind und keinen Geldabfluss bedeuten. Sie sind innerhalb Ihrer Betriebskosten oben erfasst, so dass letztendlich nicht 198.000 € zahlungswirksam waren, sondern nur 192.000 €.

	Ergebnis (nach Steuer)	0 €
+	Abschreibungen	6.000 €
=	Cashflow	6.000 €

Obwohl in diesem Fall kein Ergebnis erwirtschaftet worden ist, sind dennoch 6.000 € als Cashflow aus dem Geschäftsjahr übrig. Diese können Sie durchaus verwenden – zu welchem Zweck auch immer. Der vorsichtige Kaufmann sollte sich immer die Abschreibungswerte ansparen, um später reinvestieren zu können. Ihre Innenfinanzierungskraft liegt in diesem Fall bei 6.000 € und nicht bei dem offiziellen Null-Wert, der in der GuV steht. Der Vorteil hier ist sogar, dass keine Einkommensteuer anfallen würde und die Apotheke dennoch einen »Gewinn« erwirtschaftet hat. Daher gelten Abschreibungen auch als für die Apotheke »positiv«, da Sie mit einem Steuervorteil einhergehen.

Für den Cashflow sind verschiedene Berechnungsmöglichkeiten denkbar.

Grundsätzlicher Ansatz:

Cashflow = Periodengewinn/-verlust nach Steuer
+ Aufwendungen, die nicht mit Ausgaben verbunden sind
  (z. B. Abschreibungen)
− Erträge, die keine Einnahmen sind (z. B. Aufgelöste Rückstellungen)

Eine Weiterführung dieser Kennzahl ist, wenn Sie über die bisherige Berechnung hinaus noch Bilanzpositionen berücksichtigen.

	Periodengewinn/-verlust nach Steuer
+	Aufwendungen, die nicht mit Ausgaben verbunden sind
=	Cashflow 1
+/−	Bildung oder Auflösung von Rückstellungen
+	Verkauf von Forderungen (Factoring)
=	Cashflow 2
+/−	Privatentnahmen/-einlagen
=	Free Cashflow

Der Free Cashflow wäre der Betrag, den Sie aus eigener Kraft in der neuen Abrechnungsperiode investieren könnten, daher die Bedeutung »Innenfinanzierungskraft« zur Erinnerung.

Bei Apotheken mit geleasten (gemieteten) Anlagegütern oder wenig Investitionen in Anlagen ist der Cashflow von geringerer Bedeutung. Ausnahme entsteht, wenn die Apotheke gekauft wurde und ein (hoher) Firmenwert gezahlt wurde, der abgeschrieben wird. Bei größeren Unternehmen (Filialisierung), die viel in Einrichtung, Immobilien etc. investieren, ist die Differenz zwischen dem ausgewiesenen Gewinn/Verlust und dem Cashflow erheblich größer. Auch das Bilden und Auflösen von Rückstellungen beeinflusst den Gewinn, so dass der Cashflow die Korrektur des Gewinns ermöglicht. Der Cashflow bildet eine wichtige Kennzahl hinsichtlich Ihrer Ertragslage.

> **TIPP:**
>
> Der Begriff Cashflow beinhaltet zwar den Begriff »cash«, hat aber zunächst nichts mit Ihrem Kontostand zu tun. Es ist eine Kennzahl, die sich aus der Gewinn- und Verlustrechnung ableitet!

In diesem Zusammenhang sind grundsätzlich drei Begriffe sauber voneinander abzugrenzen:

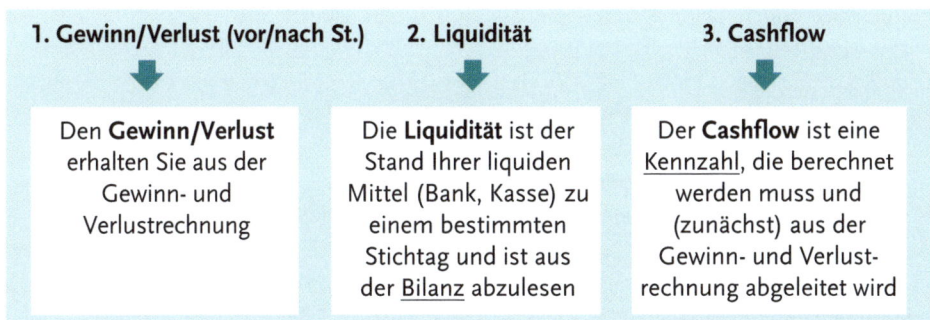

Abb. 53: Abgrenzung Gewinn/Liquidität/Cashflow

Fazit: Der Laie interpretiert das Ergebnis der GuV und erschrickt gar bei einem Verlust. Der Profi schaut sich gleich den Cashflow an.

3.2.6 Handelsspanne

Die Handelsspanne ist eine Finanzkennzahl im weiteren Sinne, da sie im Zuge der Preiskalkulation verwendet wird. Nachfolgend wird nur der Begriff erklärt, ohne auf weitere Hinweise der Kalkulation einzugehen.

Es ist die Differenz zwischen dem Nettoverkaufspxreis (VK ohne MwSt.) und dem Einstandspreis[2]. Sie wird als Prozentsatz des Nettoverkaufspreises ausgedrückt.

Die »Spannen-Begriffe« werden heute vielfältig eingesetzt und Sie tun gut daran, wenn Sie immer aufs Neue überprüfen, was genau der Kalkulierende betrachtet hat. Die Begriffe »Spanne« und »Marge« werden ebenfalls synonym verwendet. In der Regel sollen aber immer die absoluten Eurowerte als eine Verhältniszahl abgebildet werden und in Prozent dargestellt sein, so dass ein Vergleich möglich wird.

Spanne (in %) = [(Verkaufspreis − Einstandspreis) x 100] ÷ Verkaufspreis

Diese Berechnung bezieht sich auf das Verhältnis zum Verkaufspreis.

Aufschlag (in %) = [(Verkaufspreis − Einstandspreis) x 100] ÷ Einstandspreis

Diese Berechnung bezieht sich auf das Verhältnis zum Einstandspreis.

Beispielrechnung:
- Die Ware wird effektiv für 100 € eingekauft
- Die Betriebskosten belaufen sich auf 21 % vom Umsatz
- Der Gewinnaufschlag berücksichtigt den kalkulatorischen Unternehmerlohn
- Die Apotheke arbeitet mit einer Kundenkarte (3 % Rabatt auf Frei- und Sichtwahl)

---

[2] Der Einstandspreis ist der effektive Einkaufswert der Ware (also nach Abzug von Skonti, Boni etc.) und zuzüglich Bezugskosten (Porto, Zoll etc.).

Wareneinsatz (EK)	100,00 €	
+ Handlungskosten 21 %	21,00 €	
= Selbstkostenpreis (SK)	121,00 €	neue Basis 100 %
+ Gewinnzuschlag 8 %	9,68 €	
= Barverkaufspreis (BVK)	130,68 €	neue Basis 100 %
+ Kunden-Rabatt 3 %	5,23 €	
= Apotheken-VK (netto)	135,91 €	
+ 19 % MwSt.	25,82 €	
= Apotheken-VK (brutto)	161,73 €	

Aufschlag: 135,91 € − 100,00 € = 35,91 € = 35,91 % Aufschlag auf den EK

Handelsspanne (Rohertrag in Prozent vom Verkaufspreis): 135,91 € = 100 %; 35,91 € = 26,42 %

> **MERKE:**
> Der Aufschlag ist immer eine höhere Prozentzahl als die Spanne, da immer auf eine neue Basis neue Aufschläge kommen.

Beispielrechnung Verkaufspreis:
Verkaufspreis = Einstandspreis x (100 % + Aufschlag in %) ÷ 100
= 100 € x (100 + 35,91) ÷ 100
= 100 € x 135,91 ÷ 100
= 135,91 € VK-netto

Wenn Sie nun den Brutto-VK ermitteln möchten, so sind noch 19 % (bzw. 7 %) zu addieren:
= VK (netto) x 1,19 (bzw. 1,07) = VK (brutto)
= 135,91 € x 1,19
= 161,73 €

Beispielrechnung »absolute« Spanne:
Rohertrag = Umsatz (netto) − Wareneinsatz
Hier: 135,91 € − 100 € = 35,91 € = die »absolute« Spanne

Die Handelsspanne gehört als Begriff zu den ewigen Begleitern der Apotheke. Je höher die Gewinnspanne ist, desto erfolgreicher die Apotheke. In den letzten Jahren wurde von einer durchschnittlichen Handelsspanne von 24 – 26 % gesprochen, wobei Apotheken mit vielen hochpreisigen Rezepten (allein schon rein mathematisch) unter 24 % liegen. Wenn Sie die Handelsspanne positiv beeinflussen wollen, bietet sich an, die Formel im Einzelnen zu betrachten und die Einflussfaktoren auf die einzelnen Größen zu sehen.

Sinnvoller Einsatz im Zuge des Controllings besteht darin, Zielvorgaben zu machen. Wenn z. B. Verkaufsaktionen stattfinden, sollte klar sein, wie viel Mehrverkauf generiert werden muss, um den gleichen Rohertrag zu haben wie vor der Aktion.

Vor der Aktion wäre also zu fragen: Halten Sie dieses Ergebnis für praktisch umsetzbar?

Praxishinweis
In der Regel beschäftigt man sich vorwiegend dann mit Angebotsaktionen, wenn man die Ware entsprechend günstiger eingekauft hat. Hier wird unterstellt, dass der EK identisch bleibt und der VK gesenkt wird. Das wird in der Praxis dann geschehen, wenn Sie schnell auf Mitbewerber reagieren wollen und nicht die Zeit und Möglichkeit haben, die Ware vorher günstiger einzukaufen.

Denksportaufgabe

Sie möchten für einen beliebten Artikel eine Sonderaktion machen. Es stellt sich die Frage, wie viel Mehrverkauf Sie tätigen müssen, um eine Preissenkung von 20 % zu kompensieren, d. h. den ursprünglichen Rohertrag beizubehalten.

Annahmen:
Vor der Preissenkung: EK = 8,20 € ohne MwSt.   VK = 11,48 € ohne MwSt.
Sie verkaufen täglich 30 Packungen

Preissenkung um 20 % = 9,18 € ohne MwSt.

Berechnung:
Rohertrag alt   = VK – EK (alt) x Tagesabsatz
                      = 3,28 x 30 = 98,40 €
Stücknutzen neu   = VK – EK (neu)
                      = 0,98 €
Notwendige Gesamtmenge = 98,40 ÷ 0,98 = 100,4 ≈ 101 Packungen
Es müssen also 101 Packungen verkauft werden, um nach der Preissenkung zum gleichen Ertrag zu kommen, also 71 mehr als zuvor.

Zusammenfassende Berechnungsformel:
Notwendiger Neuumsatz = [(Rohgewinn alt / Rohgewinn neu) – 1] x 100 %
[(3,28 / 0,98) – 1] x 100 ≈ **335 %**
30 Pck. x 335 % = 100,5 x 101 Pck.

Gegenprobe:
30 Pck. x 3,28 € = 98,40 € Tages-Rohgewinn
101 Pck. x 0,98 € = 98,98 € Tages-Rohgewinn (Abweichung ergibt sich durch vorheriges Runden)

Die Tabelle zum Mehrumsatz (Abb. 54) hilft Ihnen, schneller diese Frage zu lösen. Sie benötigen jetzt die errechnete Handelsspanne, um die Tabelle entsprechend lesen zu können. In der Vertikalen lesen Sie die Preisaktion – ausgehend von der Mitte (0 %). In der Horizontalen lesen Sie Ihre Handelsspanne ab.

Tabelle zum Mehrumsatz

		Handelsspanne						
		15 %	20 %	25 %	30 %	35 %	40 %	45 %
Preiserhöhung	30 %	33,33	40,00	45,45	50,00	53,85	57,14	60,00
	25 %	37,50	44,44	50,00	54,55	58,33	61,54	64,29
	20 %	42,86	50,00	55,56	60,00	63,64	66,67	69,23
	15 %	50,00	57,14	62,50	66,67	70,00	72,73	75,00
	10 %	60,00	66,67	71,43	75,00	77,78	80,00	81,82
0 = Jetziges Preisniveau	5 %	75,00	80,00	83,33	85,71	87,50	88,89	90,00
	0 %	100 %	100 %	100 %	100 %	100 %	100 %	100 %
	–5 %	150,00	133,33	125,00	120,00	116,67	114,29	112,50
	–10 %	300,00	200,00	166,67	150,00	140,00	133,33	128,57
	–15 %	nicht mgl.	400,00	250,00	200,00	175,00	160,00	150,00
	–20 %	–	nicht mgl.	500,00	300,00	233,33	200,00	180,00
	–25 %	–	–	nicht mgl.	600,00	350,00	266,67	225,00
	–30 %	–	–	–	nicht mgl.	700,00	400,00	300,00
Preissenkung	–35 %	–	–	–	–	nicht mgl.	800,00	450,00
	–40 %	–	–	–	–	–	nicht mgl.	900,00
	–45 %	–	–	–	–	–	–	nicht mgl.
	–50 %	–	–	–	–	–	–	–
	–55 %	–	–	–	–	–	–	–
	–60 %	–	–	–	–	–	–	–

Abb. 54: Tabelle zum Mehrumsatz

Beispielaussagen, die sich aus dieser Tabelle ableiten lassen können:
- Ein Artikel hat eine Spanne von 25 %. Bei einem Preisnachlass von 20 % müsste der Umsatz verfünffacht werden, um die gleiche Spanne zu halten.
- Bei einer leichten Preiserhöhung von 5 % kann ich Artikel mit 20 % Spanne in geringeren Mengen verkaufen als bisher. Während vorher 10 Artikel verkauft werden mussten, genügen jetzt 8, um die gleiche Spanne zu halten.
- »nicht mgl.« bedeutet: Geben Sie an Kunden einen höheren Rabatt, als Sie selbst Spanne haben, so kommen Sie nie in die Gewinnzone.

Nutzen Sie diese Erkenntnisse für den Einsatz der *Mischkalkulation*. Der fehlende Rohertrag im Falle einer Preissenkung muss anderweitig als Kostenblock aufgeschlagen werden. Somit kann über einen Mehrverkauf und die Mischkalkulation eine bessere Kostendeckung erzielt werden. Der alleinige Mehrverkauf zur Kostendeckung ist in der Apotheke unrealistisch.

Die Kalkulation von Preisen hat normalerweise die PKA zu übernehmen. Das Controlling steuert zur besseren Ergebniserzielung Informationen bei, übernimmt jedoch keine Kalkulationsaufgaben.

Eine klassische Situation ist jedoch die Umgekehrte. Eine Aktion lief bereits und der Entscheider möchte wissen, ob sich die Situation gelohnt hat. Dies wäre eine typische Controlling-Tätigkeit, indem im Nachhinein der Erfolg überprüft wird.

Als Annahme bleiben wir bei den gleichen Rahmenbedingungen wie in unserer Denksportaufgabe:

Vor der Preissenkung:
EK = 8,20 € und VK = 11,48 €
Tagesabsatz = 30 Packungen
Umsatz = 11,48 € x 30 = 344,40 €
Hat sich die Aktion gelohnt?

Preissenkung um 20 %
VK = 9,18 €
Tagesabsatz = 55 Packungen
9,18 € x 55 = 504,90 €

Um diese Frage zu beantworten gilt es, den alten Stücknutzen durch den neuen zu dividieren:

3,28 / 0,98 = 3,3469

Das Ergebnis 3.3 sagt aus, dass erst ab der 3,3-fachen Menge der Break-Even (siehe nächstes Kapitel) erreicht ist, das heißt, erst ab dann hätte sich die Aktion gelohnt:

30 Packungen x 3,33469 = 100,4 Packungen

Fazit: Es ist zwar mit der Aktion mehr Umsatz generiert worden, aber mit den erhöhten Packungen war auch ein höherer Wareneinsatz einhergegangen (55 x 8,20 €), so dass der Gewinn im Verhältnis kleiner ausgefallen ist. Viel schlimmer: Das Personal musste viel mehr rennen für weniger Geld und Ihr Kunde hat schön gelernt, dass es bei Ihnen Angebotsaktionen gibt, an die er sich gerne gewöhnt und wieder erwartet.

Im folgenden Beispiel sehen Sie die Erfolgsbetrachtung dreier Produkte, die im Rx-Bereich je nach Einkaufspreis eine unterschiedliche Gewinnspanne aufzeigen, da aber der Fixzuschlag jeweils gleichbleibend ist, erscheinen sie unterschiedlich rentabel. Auch hier ist die Betrachtung der absoluten Euro-Werte und der Prozentangaben wichtig.

	ApU 50,00 €	ApU 100,00 €	ApU 3.000,00 €
Apothekeneinkaufspreis (AEP)	52,28 €	103,85 €	3.038,50 €
darauf 3,0 % Strukturkomponente	1,57 €	3,12 €	91,14 €
darauf Fixzuschlag von 8,35 €	8,35 €	8,35 €	8,35 €
ergibt NettoApothekenVerkaufspreis	62,20 €	115,32 €	3.137,99 €
gesetzlicher Rohertrag sind also	9,92 €	11,47 €	99,49 €
bzw. Handelsspanne lt. AmPreisV	15,95 %	9,95 %	3,17 %
Hinzu kommen nun die Einkaufskonditionen			
RX über den GH Effektiv 4,5% / 1,5% auf RAEP	2,32 €	4,64 €	45,57 €
ergibt einen Rohertrag von nun	12,24 €	16,11 €	145,06 €
bzw. Handelsspanne inkl. Kondition	19,68 %	13,97 %	4,62 %
abzgl. Kassenrabatt bei GKV 2,00 € brutto	- 1,68 €	- 1,68 €	- 1,68 €
ergibt dies nun einen Rohertrag von	10,56 €	14,43 €	143,38 €
bzw. Handelsspanne bei GKV von	16,98 %	12,51 %	4,57 €

Quelle: Konzept-A, Konzepte für Apotheken GmbH
ApU (Abgabepreis pharmazeutischer Unternehmen)

Abb. 55: Abgabepreis pharmazeutischer Unternehmer

3.2.7 Ermittlung der Gewinnschwelle: Break-Even-Point (BEP)

Wenn Sie sich in diesem Zusammenhang fragen, wie viel mehr an Packungen Sie verkaufen müssen, um einen gewissen Rohertrag zu erreichen, so sind Sie mit der folgenden Frage auch ganz nah: Wann komme ich mit meinem erzielten Umsatz in die Gewinnzone? Ganz ähnlich kennen Sie die Berechnung im Privaten, wie lange man »für die Steuerzahlung arbeitet und wann endlich für sich«. Die Antwort lautet: ungefähr bis zur 3. Juliwoche (Steuerzahlergedenktag). Dann ist die Schwelle erreicht, an der sich die Situation zu Ihren Gunsten wendet. Wie sieht es bei der Apotheke aus?

Die Ermittlung der Gewinnschwelle bietet die Möglichkeit, zu berechnen, bis zu welchem Preis die Apotheke noch im Gewinnbereich arbeitet bzw. beantwortet die Frage, wie viel Umsatz Sie generieren müssen, um in die Gewinnzone zu kommen.

Gewinnschwelle = Absatzmenge bzw. Umsatzgröße, welche die Fixkosten der abgerechneten Periode und die variablen Kosten der abgesetzten Produkte deckt.

Break-Even-Point = Fixkosten ÷ (Verkaufspreis − variable Kosten)
  = Fixkosten ÷ Rohertrag

Klären wir zunächst die verwendeten Begriffe in der BEP-Formel:
- *Fixkosten*: Kosten, die unabhängig von der Umsatzhöhe sind, die also auch dann anfallen, wenn die Apotheke geschlossen bleibt (in der Regel alle Kosten außer Warenkosten). Fix-

kosten gelten meist für eine bestimmte Zeit als konstant. Schmunzelnderweise werden diese auch »Eh-da-Kosten« genannt, da sie ohnehin vorhanden (eh da) sind. Rechnen Sie hier auch den kalkulatorischen Unternehmerlohn mit ein.
- *Variable Kosten:* Kosten, die von der Umsatzhöhe abhängig sind und daher erst mit der Geschäftstätigkeit anfallen. In der Apotheke kann das mit dem Wareneinsatz gleichgesetzt werden. Sich Waren ins Lager zu legen, sind keine Kosten, sondern Lager/Vorrat. Kosten sind es erst mit dem Generieren des Umsatzes (Übergang vom Lager an Kunden).
- *Preis*: In dieser Formel ist damit Umsatz (netto) gemeint.
- *Preis – variable Kosten* = Umsatz – Wareneinsatz = Rohertrag

Beispielrechnung:
Als Rechenbeispiel werden hier die Daten einer beispielhaften Apotheke verwendet. Hier fielen an:

Jahresprognose

	in T€	in %
Netto-Umsatzerlöse	1850,7	100,0
./. Wareneinsatz	1372,7	74,2
Rohgewinn	477,3	25,8
./. Personalkosten	205,4	11,1
./. übrige Kosten	151,7	8,2
Kosten gesamt	357,1	19,3
Betriebsergebnis Apotheke (vor Steuern)	118,4	6,4
Verfügungsbetrag	64,8	3,5

Fixkosten: 357.100 €   Variable Kosten: 1.372.700 €   Umsatz: 1.850.000 €

Abb. 56: Auszug der Jahresprognose einer Beispielapotheke

BEP = 357.100 ÷ (1.850.000 – 1.372.000)
    = 357.100 ÷ 477.300
    = 0,75

Auswertung: 75 % der Gesamtleistung (Jahresumsatz) müssen erzielt werden, um die Gewinnschwelle zu erreichen. 75 % des Umsatzes (1,85 Mio. €) entsprechen → 1,39 Mio. €. Diesen Wert können Sie nun auf den Monat oder Öffnungstag und sogar auf den einzelnen Mitarbeiter herunterbrechen.

1.387.500 € ÷ 12 Monate = 115.625 € pro Monat
1.387.500 € ÷ 312 Öffnungstage = 4.447 € Tagesumsatz
4.447 € ÷ HV-Kräfte = Tagesumsatz pro HV-Kraft

Bitte beachten Sie, dass wir bei der obigen Berechnung über Vergangenheitswerte sprechen. Wesentlich reizvoller ist die Betrachtung mit Zielwerten, die im Zuge der strategischen Überlegungen für die Apotheke definiert werden. Wenn erstrebenswerte Ziele für das kommende Geschäftsjahr gesetzt wurden (Zielvorgaben), die möglicherweise sogar an Mitarbeiterprämien gekoppelt werden sollen, so berechnen Sie mit diesen Zielwerten den Break-Even-Point. So können unterjährig bei Erreichung auch die Prämien für Mitarbeiter gesteuert werden. Das Controlling leistet dann den permanenten Soll-Ist-Vergleich.

Ein weiteres Beispiel, um sinnvoll die BEP-Berechnung anzuwenden, ist die Hochrechnung des Schadens aus der Erhöhung des Kassenabschlags und daraus denkbare Ableitungen zu treffen.

Nehmen wir folgende Annahmen an:

Anzahl Rx-Packungen in 2022:	44.000
Erhöhung Kassenabschlag in 02/2023:	0,23 € je Packung.
Non-Rx-Umsatz 2023:	287.045 €
Anzahl Kunden 2023:	48.602
Anzahl Non-Rx-Packungen	29.879

Schaden = 44.000 x 0,23 € = 10.120 €

Daraus ergeben sich folgende Fragen:

- Um wie viel Euro muss der Non-Rx-Umsatz gesteigert werden, um den Schaden auszugleichen
- Wie viele Non-Rx-Packungen müssten mehr abgesetzt werden
- Wie sollte der neue Korbumsatz aussehen.
- Und was bedeutet es für die täglichen Ziele?

Der neue Zielwert errechnet sich, indem Sie zum alten Umsatz den Schaden addieren:

Zielwert = 287.045 € + 10.120 €
         = 297.165 €

Bei 302 Öffnungstagen müssten 33,51 € täglich mehr Umsatz generiert werden.

Ließe man die Packungszahl unberührt und sucht den Ausgleich über die Preiserhöhung, so müssten in diesem Fall die Preise im Non-Rx-Segment um 3,53 % erhöht werden.

Berücksichtigen Sie die Anzahl Kunden im Zusammenhang mit dem Non-Rx-Umsatz, so betrachten Sie den Korbumsatz. In unserem Beispiel liegt der alte Korbumsatz bei 5,91 €. Dividieren Sie jedoch den neu zu erzielenden Umsatz durch die Anzahl der Kunden, so ergibt sich ein neuer Zielwert von 6,11 €.

Weigert sich das Team eine weitere Preiserhöhung umzusetzen (sehr beliebt in Teams) und will stattdessen den Kunden mehr Verpackungen verkaufen (was eher unwahrscheinlich ist), so könnte über den durchschnittlichen Non-Rx-Packungswert eine Annäherung gefunden werden:

287.045 € ÷ 29.879 = durchschnittlicher Packungswert 10 €
Ziel neu: 297.165 € ÷ Packungswert 10 € = 30.932 Packungen

Bei 302 Öffnungstagen müssten 33,51 € täglich mehr Umsatz generiert werden

3.2.8 Stücknutzen

Der Stücknutzen ist eine wichtige Kenngröße für die Messung der Rentabilität eines Produktes oder einer angebotenen Dienstleistung für Ihre Apotheke. Er bezeichnet die absolute Differenz zwischen dem Preis, zu dem Sie ein Produkt eingekauft bzw. hergestellt haben, und dem Preis, zu dem Sie es verkaufen (ohne MwSt.). Einfach gesagt ist es der Rohertrag (vor Steuern), den Sie durch den Verkauf einer Packung dieses Produktes erzielen. Anders als bei Marge oder Spanne, die in der Regel in % ausgedrückt werden, handelt es sich beim Stücknutzen immer um einen absoluten Wert in Euro.

Stücknutzen = Verkaufspreis – Einkaufspreis

Wieder spielt bei Apotheken im Rx-Bereich das gesetzliche Kombimodell eine entscheidende Rolle. Da die aufgeschlagenen 8,35 € absolut sind, so sind bei steigenden Umsätzen die Roherträge im Verhältnis immer kleiner. Der absolute Euro-Wert ist natürlich bei den hochpreisigen Arzneimitteln höher. Sie liefern einen höheren Rohertrag pro Stück und somit einen hö-

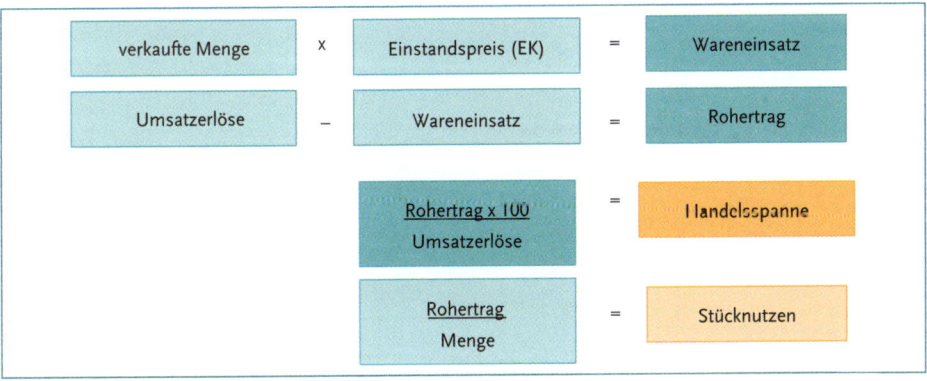

Abb. 57: Übersicht der Rentabilitätsbegriffe auf Produktbasis

heren Beitrag zur Kostendeckung.
In der Praxis fällt mir auf, dass beim Vergleich von Packungen die prozentuale Verhältnismäßigkeit ein hohes Gewicht hat und der absolute Wert (Stücknutzen in EUR) entweder gar nicht beachtet oder sogar falsch interpretiert wird. Scheinbar scheint eine große Prozentzahl magische Wirkung zu haben.

Hier ein Beispiel für ein Produkt, das vom Wirkstoff her vergleichbar ist:

	Artikel A namhafte Generika	Artikel B »no-name«	Artikel C Markenprodukt
Angebot vom Lieferanten:	AEP – 20 %	AEP – 25 %	AEP – 15 %
AEP Liste (netto)	6,20 €	5,70 €	6,95 €
VK (netto)	9,80 €	8,70 €	11,22 €

Sie sehen drei verschiedene Artikel, die mit unterschiedlichen Rabatten eingekauft werden. Auch die Verkaufspreise sind unterschiedlich und nun möchte gerne das HV-Team möglichst eine einheitliche Team-Empfehlung abgeben. Wenn man also die absolute Freiheit hätte, weil der Kunde und GKV keine Vorgaben machen und pharmazeutisch der gleiche Effekt eintreten würde, welche Packung würde man abgeben? Für die Vergleichbarkeit wird die Prozentangabe gesucht:

	Artikel A namhafte Generika	Artikel B »no-name«	Artikel C Markenprodukt
Angebot vom Lieferanten:	AEP – 20 %	AEP – 25 %	AEP – 15 %
AEP Liste (netto)	6,20 €	5,70 €	6,95 €
– Rabatt (AEP x Rabatt)	1,24 €	1,43 €	1,04 €
= EK (netto)	4,96 €	4,27 €	5,91 €
VK (netto)	9,80 €	8,70 €	11,22 €
– EK (netto)	4,96 €	4,27 €	5,91 €
Stücknutzen (netto)	4,84 €	4,43 €	5,31 €
Spanne (netto)	49,39 %	50,92 %	47,33 %

Hier wird schön deutlich, dass zwar der prozentuale Vergleich deutlich Artikel B gewinnen lässt, aber wie sieht es mit dem absoluten Euro-Wert aus? Beim Artikel C haben Sie mehr Bares! Wie häufig muss man also zum Regal laufen und eine Packung abgeben, bis zum Beispiel die Miete »drin« wäre?

3.2.9 Eigenkapitalquote (EKQ)

Die Kennzahl Eigenkapitalquote dient der *Beurteilung der Sicherheit und Kreditwürdigkeit* der Apotheke. Je höher der Prozentwert, desto günstiger ist die Eigenkapitalsituation der Unternehmung. Hundert Prozent würde bedeuten, dass Sie die Apotheke vollständig aus eigenen Mitteln finanziert haben.

Eigenkapitalquote (%) = (Eigenkapital ÷ Gesamtkapital) x 100

Beispielrechnung:
Gesamtkapital: Eigenkapitel + Fremdkapital = Gesamtkapital
Gesamtkapital: 80 T € + 200 T € = 280 T €
Eigenkapital: 80 T €
EKQ=   (80.000 ÷ 280.000) x 100 = 28,6 %

Auswertung: Für eine Beurteilung, ob das nun ein guter Wert ist oder nicht, wäre ein Vergleich mit anderen Apotheken wichtig. Leider gibt es keine verlässliche Zahl, die für Apotheken veröffentlicht wird. Im allgemeinen Mittelstand wurde 2021 von ca. 23,5 % (< als 10 Mitarbeiter), 30,1 % (10 bis 49 Mitarbeiter) Eigenkapitalquote gesprochen. Bei kleinen und mittelständischen Unternehmen liegt der Wert 2021 bei ca. 31,4 %. Grundsätzlich gilt: Je höher die Eigenkapitalquote, desto kreditwürdiger gelten Sie, da Sie hohe Sicherheiten mitbringen (Eigenkapital). Im Apothekenbereich ist es eher so, dass Neugründungen oder Neueröffnungen mit kaum oder gar keinem Eigenkapital einhergehen und die Banken alles fremdfinanzieren.

Da das Ergebnis nach Steuer das Eigenkapital beeinflusst, wie auch die Privatentnahmen und -einlagen, gilt es einmal im Jahr zu überprüfen, wie sich das Eigenkapital verändert. Werden immer mehr Kredite aufgenommen, so verschlechtert sich das Verhältnis. Im Vordergrund sollte jedoch nicht eine gewisse Prozentzahl als Zielgröße stehen, sondern der sinnvolle Einsatz des Kapitals. Wenn mit den Krediten eine höhere Rentabilität in der Apotheke erwirtschaftet wird, als Zinsen an die Bank zu zahlen sind, so lohnt sich sogar die weitere Aufnahme von Krediten (Leverage Effekt). Stets müssen aber Tilgung und Liquidität gewährleistet sein. Die Höhe der Privatentnahmen muss dringend der wirtschaftlichen Lage angepasst sein. Wenn am Jahresende mehr entnommen wurde, als die Apotheke Gewinn erwirtschaftet hat, so wird das Eigenkapital aufgezehrt und die Quote sinkt entsprechend. Das sind die ersten Warnhinweise auf dem Weg der Insolvenz und das Controlling sollte hier aktiv auf die Entwicklung des Eigenkapitals hinweisen.

3.2.10 Verschuldungsgrad

Der Verschuldungsgrad ist eine Kennziffer für die *Beurteilung der »finanziellen Unabhängigkeit«* der Apotheke. Trennen Sie bitte »Verschuldung« von »Verschuldungsgrad«. Die Verschuldung stellt den absoluten Euro-Wert Ihres Fremdkapitals dar. Laut dem Statistischen Bundesamt betrug in Gesamtdeutschland die durchschnittliche Verschuldung im Jahr 2022 das 26-fache des monatlichen Nettoeinkommens. Dies bedeutet, dass die Schulden im Durchschnitt das 26-fache dessen ausmachen, was eine Person monatlich netto verdient. 2023 ist dieser Wert um 2,4 % gestiegen. Der Verschuldungsgrad ist hingegen eine Verhältniszahl von Fremd- zu Eigenkapital.

Verschuldungsgrad (%) =   (Fremdkapital ÷ Eigenkapital) x 100

Beispielrechnung:
Eigenkapital: 80 T €
Fremdkapital: 200 T €
Verschuldungsgrad   (200.000 ÷ 80.000) x 100 = 250 %

Da die meisten Apotheken über mehr Fremd- als Eigenkapital verfügen und bei der Berechnung das Fremdkapital im Zähler steht, ergibt sich zwangsläufig ein Ergebnis weit höher als 100 %. Bei Kreditvergabegesprächen wird ein hoher Verschuldungsgrad aber häufig als ein negatives Zeichen gesehen. Wie könnten Sie hier gekonnt kontern? Warum muss ein hoher Verschuldungsgrad nicht »schlimm« sein? Antwort: Es ist entscheidend, wie rentabel das Geld in der Apotheke arbeitet (Gesamtkapitalrentabilität). Wenn Sie eine höhere GKR erwirtschaften, als Sie Zinsen an die Bank zahlen müssen, dann lohnt sich die Aufnahme von Fremdkapital.

Der Verschuldungsgrad ist einmal im Jahr zu überprüfen. Stellen Sie sicher, dass Ihnen die Ursachen für Veränderungen am Fremd- und Eigenkapital klar sind. Weitere Steuerungsmechanismen sind in diesem Zusammenhang nicht notwendig.

3.2.11 Anlagenintensität

Das Anlagevermögen spiegelt die Werte wider, die längerfristig Ihrer Apotheke dienen sollen. Es ist Ihr Eigentum (Vermögen), das als Sicherheit dient. Bedenken Sie, dass nur gekaufte und nicht geleaste (gemietete) Güter gemeint sind.

Die Kennzahl Anlagenintensität drückt die Relation des Anlagevermögens im Vergleich zum Gesamtvermögen aus:

Anlagenintensität (%) = (Anlagevermögen ÷ Gesamtvermögen) x 100
Beispielrechnung:
Anlagevermögen 60.000 €
Gesamtvermögen 100.000 €
Anlagenintensität = (60.000 ÷ 100.000) x 100 = 60 %

Auswertung: Je höher die Anlagenintensität ist, umso höher ist die Belastung mit fixen Kosten, insbesondere Abschreibungen und Zinsen. Einer hohen Anlagenintensität sollte auch eine adäquate langfristige Finanzierung gegenüberstehen. Andererseits gilt es zu beachten: Wenn Sie nichts an Vermögen besitzen würden und stattdessen alles mieten oder leasen müssten, dann hätten Sie hohe Kosten, die den Gewinn schmälern würden. In Liquiditätsengpassen könnten Sie notfalls nichts verkaufen, um an liquide Mittel zu kommen.

Im Zuge des Controllings wird die Anlagenintensität ebenfalls nur einmal im Jahr errechnet, denn entscheidend ist der Kaufgrund für das Anlagevermögen. Die sich dann ableitenden Abschreibungen und Finanzierungsfragen sind bereits im Vorfeld klar, und wenn dann dennoch der Kauf getätigt wurde, dann sind die operativen Ergebnisse (Kostenersparnis, Umsatzsteigerung, Prozesserleichterung etc.) im Vordergrund und wirken sich (hoffentlich) positiv auf das Ergebnis der Apotheke aus. Zielvorgaben bei der Anlagenintensität sind daher sekundär.

3.2.12 Umlaufintensität

Die Kennzahl Umlaufintensität drückt die Relation des Umlaufvermögens zum Gesamtvermögens aus:

Umlaufintensität (%) = (Umlaufvermögen ÷ Gesamtvermögen) x 100

Beispielrechnung:
Umlaufvermögen   40 000 €
Gesamtvermögen   100.000 €
Umlaufintensität =   (40.000 ÷ 100.000) x 100 = 40 %

Das Umlaufvermögen umfasst jedoch das Warenlager, und hier gilt es, auf besondere Lagerwerte zu achten. Lagerkennzahlen werden separat beleuchtet.

Verwandte Kennzahlen sind Forderungs- oder Vorratsintensität, die ebenso als Verhältniskennzahl zum Gesamtvermögen angegeben werden. Je mehr Forderungen Sie haben, umso weniger liquide Mittel stehen Ihnen zur Verfügung. Je mehr Vorrat Sie haben, umso besser Ihre Lieferfähigkeit, aber umso mehr Kapital ist gebunden. Hier gibt es keine pauschale Empfehlung, sondern es muss jeweils die Situation individuell betrachtet werden. Mehr dazu bei Lagerkennzahlen. Ebenfalls sollte grundsätzlich angestrebt werden, Zahlungsziele für Kunden so kurz wie möglich zu halten, um die eigene Liquidität zu stärken.

3.3 Kennzahlen innerhalb der Betriebswirtschaftlichen Analyse (BWA)

Der »BWA«-Begriff ist der gängigste Begriff für die interne Auswertung Ihres Erfolgs (ähnlicher Begriff »IBV« – Interner Betriebsvergleich). In der Regel sind die Vorgehensweisen bei BWA und IBV ähnlich und so wird nachfolgend nur der BWA-Begriff verwendet. In der BWA haben Sie die Möglichkeit, Kennzahlen zu implementieren und somit ganz nah die operative und die gesamte Leistung der Apotheke zu messen. Hier sind jetzt keine Verhältnismäßigkeiten von verschiedenen Größen gemeint, wie bei den zuvor gezeigten Kennzahlen, sondern vielmehr sinnvolle Zwischenergebnisse, die Ihnen eine Aussage über die Ertragsleistung Ihrer Apotheke geben sollen. Wie bereits schon im Zuge des strategischen Managements dargestellt, ist die erstrebenswerte Vorgehensweise zukunftsorientiert statt des retrograden Messens des Erfolgs. Im Zuge des sinnvollen Controllings gilt es, permanente Soll-Ist-Abgleiche zu machen zwischen den im strategischen Management definierten Zielgrößen und den Ist-Werten.

Im ersten Schritt können Sie mit den vergangenheitsgerichteten Zahlen arbeiten und sollten sich zum Ziel setzen, die nachfolgenden Kennzahlen im Sinne der pro-aktiven Steuerung mit den Planwerten zu entwickeln. Controlling bedeutet dann den Abgleich zwischen den Plan- und den Ist-Daten sowie das Ableiten von Maßnahmen. Elementar ist wieder die Einbeziehung des Steuerberaters bzw. der Bereiche, die für die Erstellung der BWA verantwortlich sind. Wenn beispielsweise im Steuerbüro mit Schätzwerten beim Wareneinsatz gearbeitet wird und Sie aber von »echten« Warenkosten ausgehen, werden Ihre Planwerte niemals im Einklang mit den Ist-Werten sein, und die Ergebnisse werden für Sie nicht zufriedenstellend sein. Stimmen Sie sich gegenseitig ab, so dass die berühmten Äpfel mit Äpfeln verglichen und gemessen werden.

Die nachfolgenden Punkte sollten Sie mit Ihrem Steuerberater im Vorfeld klären (Darstellung in der BWA):
- Werden Umsätze nach Rx und Non-Rx aufgelistet?
- Werden Warenkosten richtig erfasst (Erfassung der effektiven Einkaufskonditionen netto, Verrechnung der Bestandveränderungen, Verrechnung der Bezugskosten, Skonti/Boni erfassen, Wareneinsatz und nicht Wareneinkauf darstellen, Valuta-unabhängig buchen)?
- Werden Warenkosten nach Rx und Non-Rx aufgelistet?
- Sind Warenkosten frei von Posten, die nicht zum adäquaten Umsatz führen (z. B. Verbundeinkäufe für Partner/Filialen oder Käufe, die als Zugaben kostenlos an Kunden gegeben werden, aber dennoch auf der Lieferantenrechnung stehen)?
- Wird der Rohertrag nach Rx und Non-Rx aufgelistet?
- Werden Kosten leistungsgerecht gebucht und nicht bei Zahlung (Kosten zwölfteln)?
- Finden auch richtige Zuordnungen der Kosten statt, z. B. *alle* personalrelevanten Kosten auch in Personalkosten buchen und nicht z. B. Schulungen in sonstige Kosten buchen?

Beginnen wir mit der Erfolgsmessung und arbeiten die sinnvollen Kennzahlen in der BWA der Reihe nach ab. Grundsätzliche Idee: Von den Einnahmen werden die Ausgaben abgezogen. Dabei konzentrieren Sie sich bitte auf das eigentliche Apothekengeschäft und trennen zwischen tatsächlichen »operativen« Einnahmen und Ausgaben und dem sonstigen Bereich.

Wir beleuchten nachfolgend die »Optimal-Struktur« einer BWA. Bitte bedenken Sie, dass dieses Dokument kein offizielles Formblatt vom Finanzamt ist, sondern frei gestaltbar. Daher handelt es sich um Empfehlungen, die Sie gerne nach Ihren eigenen Vorstellungen anpassen können.

Schema der BWA-Positionen in der Vertikalen

Umsatzerlöse (Gesamtleistung) — **1. Kennzahl**
− Wareneinsatz

= **Rohertrag (Aufschlag)** — **2. Kennzahl**   **3. Kennzahl**
+ Sonstige betriebliche Erträge

= **Betriebsergebnis 1** — **4. Kennzahl**
− Betriebskosten (hier zusammengefasst)

= **Betriebsergebnis 2** — **5. Kennzahl**
+/−Sonstiges Ergebnis
+/−Finanzergebnis

= **Ergebnis vor Steuer** (vorläufig) — **6. Kennzahl**
− Einkommenssteuer (Quartalsvorauszahlung als ein gedrittelter Wert)

= **Ergebnis nach Steuer** (vorläufig) — **7. Kennzahl**
− kalkulatorischer Unternehmerlohn

= **Unternehmensergebnis** — **8. Kennzahl**

Abb. 58: BWA-Schema/Kennzahlenübersicht innerhalb der BWA

3.3.1 Erste Kennzahl innerhalb der BWA: Gesamtleistung

Die Gesamtleistung ist eine Zwischensumme, die aus unterschiedlichen »Umsatzkategorien« gebildet wird. Es ist eine Position, die in der Gewinn- und Verlustrechnung nicht zu finden ist, weil sie für die Steuerbetrachtung irrelevant ist. Sie ist jedoch für den Apotheker wichtig, weil von diesem Wert die Kosten abgezogen werden. ACHTUNG! Dieser Begriff ist allerdings nur dann sinnvoll, wenn Sie tatsächlich auch verschiedene Umsatzkategorien in der Apotheke haben.

Beispiele für verschiedene Umsatzeinnahmequellen (Umsatzkategorien):

Umsatzerlöse aus Apotheke (Offizin)
+ Umsatzerlöse aus Versand und Internetapotheke
+ Umsatzerlöse mit der GH-Funktion (Großhandel-Funktion)
= Gesamtleistung

Werden verschiedene Umsatzquellen addiert, entspricht es der »Gesamtleistung«. Immer wieder sehe ich in BWAs, dass innerhalb der Gesamtleistung auch sonstige betriebliche Erträge aufgeführt werden. Das ist meiner Ansicht nach nicht empfehlenswert. Messen Sie mit der Gesamtleistung den von Ihnen zu verantwortenden Umsatz. Erzielen Sie darüber hinaus noch weitere Einnahmen, so ist das positiv für das Ergebnis, sollte aber an einer anderen Stelle (sonstiges [betriebliches] Ergebnis) erfasst werden.

Beispielrechnung:
Angenommen, Sie betreiben neben der Hauptapotheke auch eine Versandapotheke, haben aber keine weiteren Aktivitäten (wie z. B. eine GH-Funktion). Die Gesamtumsätze *im gesamten Jahr* betragen 900.000 €. Im Monat Dezember generierten Sie 95.000 €. So kann es beispielsweise en detail wie folgt zusammengefasst werden:

- Umsatz Apotheke p. a.   700.000,- €
- Umsatz Apotheke Dezember   85.000,- €
- Umsatz Versandapotheke p. a.   200.000,- €
- Umsatz Versandapotheke   10.000,- €

Darstellung der Gesamtleistung in der BWA für den Monat Dezember:

Dezember

	2025 Dezember Lfd. Monat %	2025 Jan-Dez kum. %	2024 Jan-Dez Vorjahr kum. %
Umsatzerlöse	85 T €	700 T €	600 T€
Umsatz Versand	10 T €	200 T €	0,– €
= Gesamtleistung	95 T € 100 %	900 T € 100 %	600 T€ 100 %

Die Betriebskosten werden anschließend in der BWA als absoluter Euro-Wert angegeben sowie mit einer Prozentangabe, indem Umsatz 100 Prozent entspricht und die Kosten dann den entsprechenden Prozentanteil angeben (soweit zumindest die häufigste Praxis). Haben Sie immer wieder sehr hochpreisige Medikamente, die Sie abgeben, haben Sie auch einen hohen Umsatz. In dem Fall erscheinen zum Beispiel Personalkosten gering. Haben Sie im nächsten Monat diesen hohen Umsatz nicht, fallen die Personalkosten wieder höher aus. Haben Sie deswegen mehr Stunden gearbeitet? Höhere Gehälter ausgeschüttet? Daher gilt es zu überdenken, ob die traditionelle Angabe der Prozentwerte – orientiert am Umsatz – sinnvoll ist und ob nicht vielmehr diese Prozentangabe analog zum Rohertrag angegeben werden sollte. Dies auch nur dann, wenn zuvor der Wareneinsatz und nicht der Wareneinkauf erfasst worden ist. Eine Zusatzinfo über Hochpreisartikel gehört mit die BWA (zumindest in den Anhang).

Praxistipp: Ich empfehle die Trennung des Umsatzes wie auch des Wareneinsatzes nach Rx, Hochpreiser-Rx (HRx) und non-Rx in der BWA, so dass Sie später den Rohertrag nach Rx und non-Rx ableiten können.

3.3.2 Zweite Kennzahl innerhalb der BWA: Rohertrag

Der Rohertrag ist mit die wichtigste Größe innerhalb der BWA. Der Rohertrag errechnet sich, indem Sie die Warenkosten vom Umsatz subtrahieren:

Rohertrag = Umsatzerlöse (Gesamtleistung) – Wareneinkauf bzw. Wareneinsatz

Gelingt es Ihnen, Umsätze und Warenkosten nach Rx und non-Rx zu trennen, so weisen Sie den Rohertrag Rx und non-Rx aus. Somit erkennen Sie, wie viel der jeweilige Teil Ihres Umsatzes zum Gewinn beiträgt.

Vom Rohertrag müssen alle weiteren Kosten (= Fixkosten) der Apotheke getragen werden. Ein negativer Rohertrag ist nicht nur ein katastrophales Zeichen für die Apotheke, sondern auch ein wichtiger Hinweis für das Finanzamt. Obwohl die BWA ein internes Dokument für den Apotheker ist, wird das Finanzamt diese Größe überprüfen, wenn Verdacht auf sogenanntes Dumping vorliegt. Als Unternehmer betreiben Sie Ihre Apotheke mit einer sogenannten »Gewinnerzielungsabsicht«, und das bedeutet, dass Sie bei einem negativen Rohertrag entweder die Waren zu billig verkaufen oder gar verschenken.

Ihr Rohertrag wird ebenfalls verfälscht, wenn Sie Waren im Verbund abgeben und dies nicht separat führen. Beispielsweise an Filialen oder an Apotheker-Kollegen. In diesem Fall würden Sie die Ware nicht zum regulären Verkaufspreis (inkl. Aufschlag) weitergeben, sondern vergünstigt (wahrscheinlich reichen Sie den Einkaufspreis 1:1 weiter). Dies erhöht den Warensatz, aber der Umsatz dazu ist unterproportional, das heißt der Rohertrag sinkt. Stellen Sie in solchen Fällen sicher, dass diese Verbundkäufe in einem separaten Kontenkreis erfasst sind bzw. Kosten für z. B. Taschentücher oder andere Werbeware nicht als Wareneinsatz, sondern als Marketing (Werbekosten) ausgewiesen werden. Helfen Sie der Buchhaltung mit entsprechenden Vermerken auf den Lieferscheinen.

> **TIPP:**
> Stellen Sie die nachfolgenden Betriebskosten ins Verhältnis zum Rohertrag dar. Dies wiederum ist nur mit POS-Systemen möglich.
> Rohertrag = 100 %
> Wie hoch fallen jeweilige Kostenblöcke dazu im Verhältnis aus? Wenn Sie weiterhin die Vergleichsdaten innerhalb z. B. Erfa-Gruppen nutzen möchten, können Sie es zusätzlich zum Umsatz abbilden.

3.3.3 Dritte Kennzahl innerhalb der BWA: Aufschlag

Der Aufschlag wird häufig direkt als Kennzahl neben dem Rohertrag in der BWA angegeben. Es sagt aus, wie viel Prozent der Rohertrag vom Wareneinsatz ausmacht.

Beispiel:
Aufschlag (%) = (100 ÷ Wareneinsatz) x Rohertrag
Rohertrag = Umsatz − Wareneinsatz

Beispielrechnung:
Umsatz = 100 €
Wareneinsatz = 70 €
Rohertrag = 100 € − 70 € = 30 €
Aufschlag = (100 ÷ 70) x 30 = 42,86 %

Was können Sie nun mit dieser Information anfangen? Aus der BWA erkennen Sie den durchschnittlichen Aufschlag des letzten Monats oder eines kumulierten Wertes (zusammengefasster Zeitabschnitt). Sie können diesen Aufschlag auf den Einkaufspreis aufschlagen, bevor Sie dann weitere Aufschläge (Gewinn etc.) machen.

Gegenprobe:
70 € (EK) x 42,86 % (Aufschlag) = 30,00 €
70 € + 30 € = 100 € (VK)

Wichtig: Sie bekommen noch nicht die Information, ob Sie mit dem Umsatz von 100 € Ihre *gesamten* Kosten decken konnten! Es war lediglich der Verkaufspreis, den Sie Ihren Kunden angeboten haben. Wenn Sie sich z. B. an dieser Stelle einfach am Wettbewerber orientiert haben, kann es sein, dass es seinerseits ein Kampfpreis war und nun bei Ihnen zur Kostenunterdeckung führt. Daher sollten Sie sich stets Ihrer eigenen Preiskalkulation bedienen. Die Kalkulation von Preisen umfasst viele zusätzliche Aspekte, wie z. B. den Wettbewerbspreis. Beschäftigen Sie sich bitte darüber hinaus ausführlich mit den Methoden zur Preiskalkulation in Apotheken.

3.3.4 Vierte Kennzahl innerhalb der BWA: Betriebsergebnis 1

Addieren Sie zum Rohertrag die sonstigen betrieblichen Erträge, so ermitteln Sie den Wert, der zur Kostendeckung in diesem Monat zur Verfügung steht. Dies ergibt natürlich nur Sinn, wenn auch sonstige Erträge generiert wurden. Die Hauptrolle in diesem Bereich spielt die Erstattung pro (vollständigen) Notdienst und die damit einhergehende Quartalserstattung vom Notdienst-Fond (ANSG). Dies können weiterhin sein: Werbekostenzuschüsse der Lieferanten, die tatsächlich überwiesen wurden und nicht in Form der Preisminderung mit der Ware verrechnet werden, eingenommene Mahngebühren oder Einnahmen aus Verträgen sein. Entscheidend ist der operative Charakter (apothekennah) dieser Einnahme.

Betriebsergebnis 1 = Rohertrag + sonstige betriebliche Erträge

3.3.5 Fünfte Kennzahl innerhalb der BWA: Betriebsergebnis 2

Betriebsergebnis 2 = Betriebsergebnis 1 − Betriebskosten

Ziehen Sie vom Betriebsergebnis 1 die Betriebskosten ab, haben Sie einen Wert, der die reine Apothekentätigkeit spiegelt. Das ist Ihr eigentliches operatives Ergebnis und ein sehr wichtiger Wert für Ihre Apotheke. Zu den Betriebskosten zählen hauptsächlich:
- Personalkosten,
- Raumkosten,
- Marketing/Werbekosten,
- Abschreibungen,
- Sonstige *betriebliche* Kosten,
- PKW/Leasing.

Die Position »sonstige betriebliche Aufwendungen/Kosten« ist dafür gedacht, dass Sie kleinere und vor allem sehr unterschiedliche Ausgaben zusammenfassen können und nicht jede kleine Position separat auflisten mussen. Es ist eine gern genutzte Position, die Zeitersparnis bringt. Bitte beachten Sie aber, dass es sich wirklich nur um kleine und vor allem verschiedene Posten handelt. Sonst entsteht hier eine große »Blackbox«, die Sie später wieder aufzuschlüsseln versuchen. Diese Kosten sollen zusätzlich den apothekennahen (operativen) Charakter haben, wie z. B. Versicherungen, Reinigung, Steuerberater oder Gewerbesteuer.

Bitte buchen Sie die vor allem unregelmäßig anfallenden Kosten als gezwölftelte Werte in die BWA und nicht (erst) bei Zahlung. Ihr Umsatz wird schließlich auch dann in die Monate gebucht, wenn Sie die Leistung erbracht haben, und nicht, wenn im Folgemonat die Verrechnungsstellen oder Kreditkarteninstitute die Gelder überweisen.

Kalkulatorische Kosten, wie z. B. kalkulatorische Miete, heißen daher »kalkulatorisch«, da sie nicht tatsächlich anfallen (weil Sie die Apotheke in eigenen Räumlichkeiten betreiben und Sie sich selbst keine Rechnung dafür ausstellen dürfen) und nur gedanklich eine Rolle spielen. Als vorsichtiger Kaufmann bedenken Sie dies. Es ist nicht notwendig, diese Kosten in die

BWA mit aufzunehmen, sie müssen aber im Zuge der Preiskalkulation berücksichtigt werden. Wenn Sie z. B. den Standort verlagern und dann Miete zahlen müssen, so haben Sie weniger Gewinn, wenn Sie die Preise nicht anheben. Als vorsichtiger Kaufmann ist Ihnen diese Tatsache bewusst und Sie preisen die Miete schon ein, als wäre es ein echter Kostenblock. Dies geschieht jedoch im Zuge der Preiskalkulation und nicht innerhalb der BWA.

Das Betriebsergebnis wird manchmal auch als »Ergebnis der gewöhnlichen Geschäftstätigkeit« bezeichnet. Man geht davon aus, dass bis zum jetzigen Punkt alles Apothekenspezifische berücksichtigt wurde. Sinnvoll ist ebenfalls die Bezeichnung »operatives Geschäft«, solange die »Sonstigen« Kosten und Erträge (»sonstiger Charakter«) nachfolgend aufgelistet werden und nicht innerhalb der Betriebskosten bzw. Gesamtleistung stehen. Häufig hört man auch an dieser Stelle vom Ergebnis aus dem »Kerngeschäft«.

Zusammenfassung:

Umsatzerlöse
− Wareneinsatz

= Rohertrag
+ Sonstige betriebliche Erträge

= Betriebsergebnis 1
− Betriebskosten (hier zusammengefasst, inkl. AfA!)

= Betriebsergebnis 2

3.3.6 Sechste Kennzahl innerhalb der BWA: Ergebnis vor Steuer

Schreiben Sie in der BWA voran, indem Sie nun vom Betriebsergebnis 2 das Sonstige Ergebnis und das Finanzergebnis subtrahieren bzw. im Falle der positiven Salden addieren.

Sonstiges Ergebnis = sonstige Erträge − sonstige Aufwendungen

Neben den sonstigen »betrieblichen« Kosten gibt es weitere Kosten, die aber keinen unmittelbar betrieblichen Charakter haben, z. B. Spenden an einen Kindergarten. Umgekehrt erhalten Sie auch gelegentlich Gelder, die aus Nebenschauplätzen entstehen. Beispielsweise ist Ihnen in der Apotheke ein Schaden entstanden und die Versicherung zahlt ihn aus. Alles zusammen soll also den sogenannten *sonstigen* Charakter haben. Im Zuge des Controllings kann diese Position auf der Prioritätenliste eher in den Hintergrund treten. Überprüfen Sie halbjährig, was hinter diesen Positionen verbucht wurde und wie sich die Kosten entwickeln; das ist absolut ausreichend.

Finanzergebnis = Zinserträge − Zinsaufwendungen

Im Finanzergebnis werden hauptsächlich die Zinsen berücksichtigt – sowohl Zinsen, die Sie auf Guthaben (= Zinserträge) erhalten, als auch Zinsen, die Sie für Kredite zahlen müssen (= Zinsaufwendungen). Bitte beachten Sie, dass es sich hier ausschließlich um Zinsen handelt, die im Zusammenhang mit der Apotheke stehen. Die BWA zeigt nicht die Finanzsituation des Apothekers als Privatperson an. Denkbar sind hier auch die Verbuchung von Beteiligungen (z. B. Anteile an Großhandlungen) und daraus eventuelle Ausschüttung von Dividenden.

Umsatzerlöse
- Wareneinsatz

= Rohertrag
+ Sonstige betriebliche Erträge

= Betriebsergebnis 1
- Betriebskosten (hier zusammengefasst)

= Betriebsergebnis 2
+/- Sonstiges Ergebnis
+/- Finanzergebnis

Ergebnis vor Steuer wird häufig als »Ergebnis der gewöhnlichen Geschäftstätigkeit« bezeichnet. Ich halte das an der Stelle allerdings nicht für richtig. »Gewöhnlich« liegt dem »Betrieblichen« nahe und somit ähnelt es vom Klang her dem Betriebsergebnis. Da aber zwischenzeitlich sowohl das »Sonstige Ergebnis« als auch das Finanzergebnis erfasst wurden, hat dieses Zwischenergebnis nichts mehr mit der gewöhnlichen Geschäftstätigkeit zu tun, sondern umfasst alle angefallenen Aufwendungen und Erträge.

Umsatzerlöse
- Wareneinsatz

= Rohertrag
+ Sonstige betriebliche Erträge

= Betriebsergebnis 1
- Betriebskosten (hier zusammengefasst)

= Betriebsergebnis 2
+/- Sonstiges Ergebnis
+/- Finanzergebnis

= Ergebnis vor Steuer (vorläufig)

Ich erlebe leider zu oft, dass beim Ergebnis vor Steuer viele BWAs zu Ende sind. Möglicherweise folgen noch einige Kennzahlen sowie Kontennachweise, aber die Erfolgsmessung im eigentlichen Sinne wird mit dieser Position beendet. Da die effektive Steuerzahlung erst am Jahresende im Zuge des Jahresabschlusses ermittelt wird, wird der Begriff »Ergebnis nach Steuer« unterjährig zu selten dargestellt.

Mit dem Ergebnis vor Steuer wird jedoch nicht der Erfolg der Apotheke als ganze Unternehmung gemessen. Das ist vor allem historisch bedingt. Zu Zeiten, als es den Apotheken wirtschaftlich besser ging, war es ausreichend, das Ergebnis nur bis zu dieser Erfolgsstufe zu messen. Wurden noch Steuern gezahlt und hat der Inhaber sich noch seinen »Lohn« entnommen, blieb immer noch genug übrig, um zum Beispiel tilgen zu können oder Investitionen zu tätigen. Unter moderner Unternehmensführung in der Apotheke verstehe ich nicht die Messung des persönlichen Erfolgs des Inhabers, sondern den der Apotheke. Daher sollte innerhalb der BWA noch weitergegangen und das Ergebnis betrachtet werden, nachdem Steuern gezahlt wurden und sich der Inhaber seinen (kalkulatorischen) Lohn ausgeschüttet hat (= Unternehmensergebnis).

3.3.7 Ergebnis nach Steuer

Das Ziel ist das Messen des Apothekenerfolges (= Unternehmensergebnis) und hierfür sind Steuerzahlungen zu berücksichtigen. Allerdings soll die Angabe nur als Zwischenstufe dienen (der Weg ist das Ziel).

	Umsatzerlöse
−	Wareneinsatz
=	Rohertrag
+	Sonstige betriebliche Erträge
=	Betriebsergebnis 1
−	Betriebskosten
=	Betriebsergebnis 2
+/−	Sonstiges Ergebnis
+/−	Finanzergebnis
=	Ergebnis vor Steuer (vorläufig)
−	Einkommensteuer (Quartalsvorauszahlung als ein gedrittelter Wert)
=	Ergebnis nach Steuer (vorläufig)

3.3.8 Unternehmensergebnis/Apothekenergebnis

Nur wenn die Apotheke einen Gewinn erwirtschaftet, kann der Inhaber eine Entnahme tätigen. Natürlich kann er auch eine Entnahme machen, wenn er einen Verlust erwirtschaftet hat. In dem Fall müssen aber noch genügend eingebrachtes Kapital und liquide Mittel vorhanden sein. Das ist aber hier nicht gemeint. Es gilt zu betonen, wie erfolgreich die Apotheke ist und *nicht der Inhaber*. Es ist einzig und allein der Rechtsform zu verdanken, dass der Inhaber sich kein Gehalt ausbezahlt, das dann unter den Personalkosten erfasst wird und sich gewinnmindernd auswirkt. Wäre die Apotheke eine GmbH, so würde sich der Inhaber ein (gewinnminderndes) Geschäftsführergehalt ausbezahlen. Nur in der BWA haben Sie die Möglichkeit, zu messen, wie viel vom Ergebnis übrig bleibt, nachdem Sie sich Ihr faires Gehalt (kalkulatorischer Unternehmerlohn) angesetzt haben. Das Unternehmensergebnis zeigt also den finalen Erfolg der Apotheke.

Umsatzerlöse
− Wareneinsatz

= Rohertrag
+ Sonstige betriebliche Erträge

= Betriebsergebnis 1
− Betriebskosten

= Betriebsergebnis 2
+/− Sonstiges Ergebnis
+/− Finanzergebnis

= Ergebnis vor Steuer (vorläufig)
− Einkommenssteuer (Quartalsvorauszahlung als ein gedrittelter Wert)

= Ergebnis nach Steuer (vorläufig)
− kalkulatorischer Unternehmerlohn

= Unternehmensergebnis/Apothekenergebnis

> **TIPP:**
>
> Gehen Sie bei der Findung des richtigen kalkulatorischen Unternehmerlohns so vor, dass Sie zunächst die eigenen Grenzen nach unten (worst-case) und oben (best-case) hin finden. Die »goldene Mitte« wird es dann sein. Wichtig ist, dass Sie sich Ziele setzen und auf diese hinarbeiten. Wenn Sie in dem vergangenen Jahr die Summe Ihrer Privatentnahmen betrachten, können Sie einen Rückschluss ziehen, ob das nur die absolut notwendige Menge war oder ob Sie davon »gut« leben konnten. Wurden mit diesen Privatentnahmen Kredittilgung, Bildung von Rücklagen, Reinvestitionen, Steuerzahlung und die eigene Sozialabsicherung getätigt? Wenn Sie dies mit »ja« beantworten konnten, dann scheint dies Ihr »fairer« kalkulatorischer Unternehmerlohn zu sein. Wenn Sie hier noch Lücken sehen, berechnen Sie, was Ihnen noch fehlt und setzen sich erstrebenswerte Ziele für die kommenden Jahre!
>
> Viele Steuerberater setzen diese Größe so an, dass es dem Wert für eine Vertretung des Inhabers entspricht. Das kann meines Erachtens aber nur der Mindestwert sein. Hier geht es um Ihre Wertigkeit als Chef mit entsprechender Erfahrung und Verantwortung (Haftung) etc.

3.3.9 Verfügungsbetrag

Der Verfügungsbetrag wird immer wieder unterschiedlich in der Literatur dargestellt, so dass es auch hier wichtig ist, sinnvolle Überlegungen voranzustellen und mit dem Steuerberater bzw. der Institution, die Ihre BWA erstellt, zu sprechen: Was ist wirklich sinnvoll abzubilden.

Dieser Wert soll Ihnen helfen, Ihre Privatausgaben managen zu können. Es ist nicht möglich, anhand der ausgewiesenen Ergebnisse in der regulären BWA und GuV auf den Betrag zurückzuschließen, der Ihnen wirklich zu Verfügung steht, weil hier einerseits Betriebszahlen einfließen als auch Ihre privaten Ausgaben für die Sozialabsicherung und gegebenenfalls Tilgungsbeträge für Kredite. Grob berechnet:

Verfügungsbetrag = Ergebnis nach Steuer − sonstige Verpflichtungen des Inhabers

Aufgrund der Gesellschaftsform muss der Apotheker berücksichtigen, dass vom Ergebnis nach Steuer noch der Solidaritätszuschlag[3], (private) Krankenkasse, Versorgungswerk, Kirchensteuer und Gewerbesteuer zu bezahlen sind. Werden dem Steuerberater diese Verpflichtungen mitgeteilt, kann er dies zusätzlich berücksichtigen. Wenn Sie zusätzlich monatliche Tilgung leisten, bitte ebenfalls subtrahieren. Der Verfügungsbetrag wäre zu vergleichen mit dem Netto-Gehalt eines Angestellten (vor Tilgung).

			%-Anteil
	Ergebnis nach betrieblichen Steuern	80.000,00 €	
./.	abzüglich Est und Solz (nach Abzug Sonderausg.)	− 22.000,00 €	ca. 27,50 %
+	GewSt-Anrechnung	8.700,00 €	
	ca. 10,88 %		
./.	Apotheker Versorgung + KV und Pflegevers.	− 23.000,00 €	ca. 28,75 %
=	Verfügungsbetrag	= 43.700,00 €	

Hintergrundinformation zur Gewerbesteuer:

Gewerbesteuerberechnung		Ergebnis nach Gewerbesteuer
Gewerbeertrag	90.103,00 €	80.00,14 €
Freibetrag	24.500,00 €	
Ergebnis	65.603,00 €	
	3,50 %	
GewSt-Messbetrag	2.296,11 €	
Hebesatz[4]	440 %	Düsseldorf (als Bsp.-Ort)
Gewerbesteuer	10.102,86 €	
Gewerbesteuer Anrechnung	3,8	
Betrag § 35 EStG	**8.725,20 €**	

---

3 Der Solidaritätszuschlag gilt seit 2021 „eigentlich" als abgeschafft. Ca. 90 % der bisherigen Zahler leisten diesen seitdem nicht mehr. Bei Selbstständigen wird dieser im Zuge der Einkommenssteuererklärung berechnet. In 2024 sind Alleinstehende mit einem maximalen Steuerbetrag von 18.130 Euro pro Jahr vom „Soli" befreit. Bei zusammenveranlagten Partnern gelten die doppelten Werte. Das Bundesverfassungsgericht möchte 2024 entscheiden, ob der Soli gegen das Gleichbehandlungsgebot verstößt. Drücken wir die Daumen!

4 Der Hebesatz wird jährlich von Gemeinden festgelegt. Er bewegt sich in Deutschland zwischen 400 und 440 Prozent.

Hintergrundinformation zum Versorgungswerk und gesetzliche Krankenversicherung:
Berechnung Versorgungswerk und gesetzliche Krankenversicherung

	BBG RV	BBG KV	BBG Pflege
	74.400,00 €	50.850,00 €	50.850,00 €
	13.912,80 €	7.881,75 €	1.194,98 €

Summe	22.989,53 €

Hintergrundinformation zur Einkommensteuer:
Berechnung Einkommensteuer: Einzelveranlagung; keine Kinder; keine Kirche

Gewinn aus gewerblicher Tätigkeit	90.103,00 €
Abzug Sonderausgaben	20.485,22 €
zu versteuerndes Einkommen	69.617,78 €
Einkommensteuer	20.845,00 €
Solidaritätszuschlag	1.146,00 €
Summe	**21.991,00 €**

Die oben beschriebene Berechnung entspricht der brancheneigenen Vorgehensweise. An dieser Stelle ein herzliches Dankeschön für die Unterstützung an die Steuerberatungsgesellschaft EGGELING & PARTNER, Herrn Leiendecker.

Welche Rolle spielen Ihre Abschreibungen in dieser Betrachtung? Sie erinnern sich, dass Abschreibungen nur fiktive Werte sind, die auf dem Papier den Gewinn schmälern, in der Realität tatsächlich nicht jährlich abfließen. Sie haben also jährlich mehr finanzielle Mittel auf dem Konto als in der GuV ausgewiesen (bitte nur auf die Abschreibungen bezogen). Die tatsächliche „Innenfinanzierungskraft" ist also der Betrag, den Sie mit ins neue Geschäftsjahr übertragen können bzw. ist der Betrag, der Ihnen privat zur Verfügung stünde. Ist jedoch die Investition so geplant, dass mit den errechneten Abschreibungsbeträgen die entsprechende Tilgung erfolgt, so erübrigt sich dieser Ansatz. Dann steht Ihnen auch der Betrag nicht mehr zur Verfügung.

Steht Ihnen jedoch der AfA-Wert zur Verfügung, können Sie die oben genannte Berechnung adaptieren.

Ich empfehle zusätzlich die Berechnung des Verfügungsbetrags anhand des Cashflows – ein Wert, der das Ergebnis nach Steuer um die Abschreibungen korrigiert (und um alle weiteren Werte, die nicht zahlungsrelevant waren). Werden vom Cashflow die »privaten« Verpflichtungen des Inhabers abgezogen, so entsteht der Wert der tatsächlichen Finanzierungskraft. Hierbei sollte immer bedacht werden, dass die Abschreibungen zunächst für Reinvestitionen eingeplant werden sollten und an zweiter Stelle als weitere freie liquide Mittel verstanden werden sollen. Dennoch kann (im Notfall) der Inhaber auf die AfA-Werte zurückgreifen.

Fazit: Controlling und die BWA/IBV

Die bisherige Betrachtung der Kennzahlen innerhalb der BWA ist sicherlich für jeden Inhaber/Verantwortlichen sehr vertraut und »tägliches Brot«. Wie kann hier dennoch durch Controlling eine Effizienzsteigerung erzielt werden? Ich empfehle die Aufnahme der Soll/Plan-Werte mit in die BWA. Solange es bei der reinen retrograden Betrachtung der Kennzahlen bleibt, ist pro-aktives Controlling wenig möglich. Im Zuge des strategischen Managements sind Zielwerte zu definieren und das Controlling steuert die Ergebnisse.

		Ist-Wert in € in %	Plan-Wert in € in %	Ist-Wert kum. in € in %	Plan-Wert kum. in € in %
	Umsatzerlöse				
−	Wareneinsatz				
=	**Rohertrag**				
+	Sonstige betriebliche Erträge				
=	**Betriebsergebnis 1**				
−	Betriebskosten				
=	**Betriebsergebnis 2**				
+/−	Sonstiges Ergebnis				
+/−	Finanzergebnis				
=	**Ergebnis vor Steuer**				
−	E.St.				
=	**Ergebnis n. St.**				
−	Kalk. U'lohn				
=	**Unternehmensergebnis/Apothekenergebnis**				

Abb. 59: Matrix zur Planung des Geschäftsverlaufes

3.4 Personalkennzahlen (Personalcontrolling)

Die Höhe Ihrer Personalkosten entnehmen Sie der Gewinn- und Verlustrechnung bzw. Ihrer BWA/IBV für eine monatliche Betrachtung. Ein effizientes Personalcontrolling setzt voraus, dass Sie Ihr Personal (in Verbindung mit den notwendigen Arbeiten in der Apotheke) gut einschätzen, beurteilen und planen können. Dabei sind nicht nur vergangene Kosten relevant, sondern auch die prognostizierten. Reden Sie mit Ihrem Personal nicht nur als Chef/Controller, sondern auch als Coach, der »auf der Seite der Mitarbeiter steht«. Haben Sie ausreichend Kenntnisse über geplante Renteneintrittsgrenzen, Schwangerschaften oder sonstige »Auszeiten«? Stehen Jubiläen an oder enden Ausbildungen? Welche Arbeitsverträge laufen aus? Wie ist die Stimmung der Mitarbeiter untereinander? Dieser Abschnitt soll nicht nur rein rechnerisch gesehen werden, sondern auch an Sie als Führungskraft appellieren. Es ist jede Planung sinnlos, wenn auf das Personal kein Verlass ist, starke Fluktuation herrscht und die Mitarbeiter demotiviert (und dadurch krank) sind. Daher ist die Basis der Planung der richtige Kontakt und eine entsprechende Personalführung. Nachhaltiger Erfolg der Apotheke beginnt mit dem richtigen Personaleinsatz und motiviertem Personal.

Weiterhin spielt es eine Rolle, ob Sie die Gesamtkosten des Teams betrachten oder einen bestimmten Mitarbeiter und dessen Stundenlohn. Ersteres betrachtet die Gesamtsumme, die in Ihrer Erfolgsrechnung steht und spezielle Personalkosten sind bezogen auf den einzelnen Mitarbeiter und dessen geleistete Arbeitszeit:

Bei 5 Arbeitstagen und 52 Wochen p.a. ergeben sich 260 Arbeitstage. Davon werden abzogen beispielsweise: 10 Feiertage, 30 Urlaubstage, 8 Fehltage (Krankheit) sowie 3 Tage Sonderurlaub. Das entspricht dann 209 Arbeitstagen. Bei acht Arbeitsstunden pro Tag, kommt man auf 1.672 Gesamtstunden. Die Gesamtkosten pro Stunde berechnen Sie: Gesamtgehalt / 1.672 = x €/ Stunde. Dazu später mehr.

Bestimmte Prozesse, die stets von der gleichen Person getätigt werden, z. B. das Ausmessen von Strümpfen, können so besser kostentechnisch qualifiziert werden. Der Preis einer OTC-Packung muss hingegen möglichst alle Kosten decken, auch wenn es nur eine Person gäbe, die im Verkauf stünde.

Spezielles Controlling im Personalwesen konzentriert sich auf die Beurteilung, wie bestimmte Tätigkeiten ablaufen, wie sie zu optimieren wären und ob sie sich überhaupt lohnen. Sie lohnen sich dann nicht, wenn die zu erwartenden Gewinne die Personalkosten nicht decken. Natürlich ist die Gesamtkostendeckung vorranging, aber im Bereich Personalcontrolling bleiben wir innerhalb der Deckung der Personalkosten als Grundbedingung. Zu den Prozessen, die häufig in Apotheken an die Grenze der Wirtschaftlichkeit stoßen, gehören der Botendienst, Einkauf von Waren durch mehrere Personen, die Kundenbetreuung rund um das Thema Inkontinenz oder auch das Verblistern. Selbstverständlich gehören diese Prozesse zum Grundwesen einer Apotheke und das rigorose Abschaffen kann zu erheblichen Kundenverlusten führen. Dann ist niemanden geholfen, weil die Folgeschäden nicht zu reparieren sind.

In den Apotheken wird gerne zur Berechnung dieser Kennzahlen das Bruttogehalt der Mitarbeiter zugrunde gelegt und mit einem Faktor von 1,25 multipliziert, um auch den Arbeitgeberanteil zu berücksichtigen. Dies reicht aus meiner Sicht nicht aus, da hier Ihre freiwilligen Personallohnnebenkosten nicht erfasst sind. Das kann ein erheblicher Faktor sein, gerade dann, wenn Sie viel für Schulungen sorgen und weitere nette Motivationsmaßnahmen ins Team investieren. Auf einem Seminar sagte eine Mitarbeiterin kürzlich, dass jeder im Team monatlich ein Massage-Gutschein bekommt. Na bitte!

Aufgabe vorweg: Stellen Sie sicher, dass Ihre Personalkosten richtig zusammengefasst sind und auch als solche gekennzeichnet/gebucht sind. Häufig werden unter Personalkosten nur Bruttogehälter und Sozialabgaben zusammengefasst, und weitere Personalkosten, wie z. B. Schulungen, werden unter sonstigen Kosten verbucht. Hier besteht die Notwendigkeit der korrekten Zuordnung. Wenn Sie z. B. eine Dienstleistung vergleichen, um sie eventuell outsourcen zu wollen, ist es wichtig zu wissen, wie hoch tatsächlich Ihre Ausgaben für Personal sind. Stellen Sie nur einen Teil der Personalkosten ins Verhältnis zu dem externen Angebot, werden Sie mit der eigenen Leistungserbringung möglicherweise günstiger sein. Wären Sie es auch, wenn Schulungen, Weihnachtsfeier, Prämien, Lohnfortzahlung, betriebliche Altersvorsorge etc. ebenfalls berücksichtigt worden wären?

2023 lagen die Personalkosten der durchschnittlichen Apotheke bei ca. 50 % vom Rohertrag. Hier wird jedoch noch die klassische Personalkostenstruktur (Gehälter und Abgaben) zu-

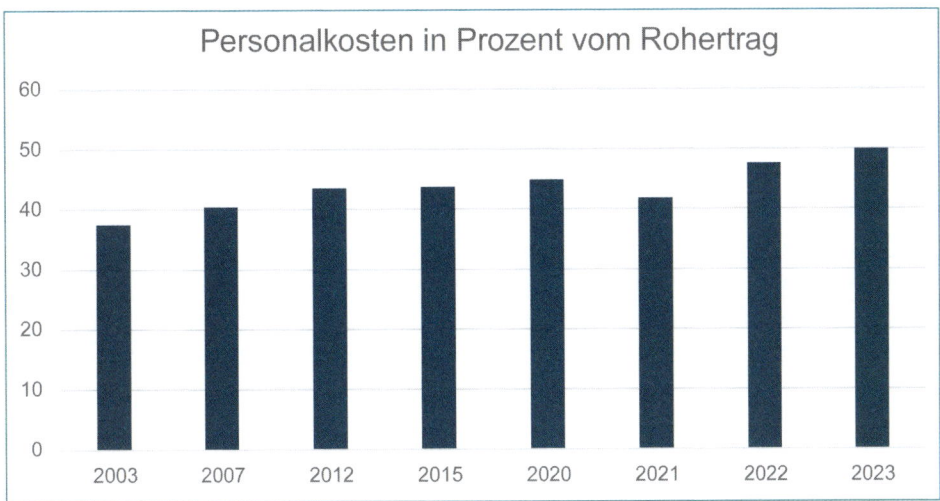

Abb. 60: Entwicklung der Personalkosten der durchschnittlichen Apotheke (Rohertrag = 100 Prozent)

grunde gelegt, also ohne Schulungen und weiteren personaltechnischen Kosten. Da der Fixzuschlag innerhalb Rx unverändert geblieben ist und teilweise weitere Tariferhöhungen stattfanden, kann sich somit dieser Wert erneut verschlechtert haben. Nur wenige Apotheken konnten mittels konsequenter Preiserhöhungen den Prozentwert beibehalten.

3.4.1 Personalleistung

Bislang haben wir die Personalkosten betrachtet und auf die Stunde oder Minute heruntergebrochen. Weiterhin können wir diese Kosten mit der zu erbringenden Leistung ins Verhältnis setzen, wie z. B. die Anzahl der verkauften Packungen oder Anzahl der Kunden.

Personalkosten bilden in der Apotheke in der Regel nach den Warenkosten den nächsthöchsten Kostenblock. Daher gilt es, auf Effizienz im Personaleinsatz besonders zu achten. Die Personalleistung drückt die Effizienz der menschlichen Arbeitskraft aus.

Personalleistung = Umsatz ÷ Vollzeitkräfte (FTE)

FTE = Full time equivalent; zeigt die »Manpower« anstatt der »Köpfe« an. Beispielsweise haben Sie fünf Mitarbeiter, davon aber zwei Halbtagskräfte. So hätten Sie zwar fünf Mitarbeiter, aber vier FTEs.

Beispielsrechnung:
Umsatzerlöse: 900 T €
Anzahl Vollzeitkräfte: 3
Anzahl Halbtagskräfte: 2
Personalleistung = 900.000 ÷ 4 = 225.000

Auswertung: Hätten Sie drei FTEs, erzielen aber den gleichen Umsatz, so läge die Personalleistung bei 900.000 ÷ 3 = 300.000. Sie hätten bei drei Vollzeitkräften weniger Personalkosten und offensichtlich ein Personal, das sehr effizient arbeitet und Umsatz stark forciert. Verbesserung der Personalleistung erreichen Sie durch eine Verringerung des Personalbestandes oder/und Umsatzsteigerung mit gleichem Personaleinsatz.

Im Zuge des Controllings wird diese Größe einmal im Jahr betrachtet, da es in der Apotheke wichtiger ist, Personal anhand des Arbeitsaufwands einzusetzen statt analog zur Personalleistung. Dennoch erhalten Sie folgende Aussage: Je höher die Personalleistung, desto geringer die Belastung mit Personalkosten. Erstrebenswert ist es, die Fixkosten so gering wie möglich zu halten. Hier spielt die Philosophie des Inhabers eine wichtige Rolle. Je stärker Sie Ihre Apotheke als Beratungsstelle sehen und soziale Kontakte und Kundenpflege fokussieren, umso mehr Personal ist in Gesprächen eingebunden. Es ist dann wichtig, ob es einfach nur lange Gespräche waren, bei denen sich der Kunde ausgesprochen hat oder ob es sich tatsächlich um Beratung gehandelt hat. Ging damit ein Zusatzumsatz (Therapieergänzung) einher? Hier hat sehr häufig das Apothekenpersonal eigene pharmazeutische Moralvorstellungen und daher sollte das Controlling sehr sensibel im Umgang mit diesen Kennzahlen sein. Der Inhaber soll klare Vorgaben machen, was wichtig ist. Gegebenenfalls werden Personalkosten überhaupt nicht in die Betrachtung genommen, sondern nur am Jahresende als Gesamtsumme zur Kenntnis genommen. Es gilt ebenfalls zu beachten, dass bei einer Filialapotheke die Kosten für die Filialleitung in den Personalkosten inbegriffen sind und daher die Werte bis zu 30 % höher sein können. Andersherum: Arbeitet der Inhaber übermäßig mit und spart damit enorm Personal ein, erscheinen die Personalkosten gering. Auch hier ist die Kennzahl an sich positiv. Nur mit welchen Konsequenzen ist möglicherweise mittel- und langfristig zu rechnen (Selbstausbeutung, Burnout)? Arbeiten Sie über mehrere Standorte mit »Springern«, so gilt der Arbeitsaufwand auch den jeweiligen Standorten zuzuordnen.

3.4.2 Ertragsleistung (Unternehmer)

Hier erhalten Sie annähernd die Stundenleistung des Inhabers, vorausgesetzt, Sie setzen die Arbeitsstunden ehrlich an. Die Praxis zeigt, dass Inhaber oft noch viele Stunden in der freien Zeit mit Managementtätigkeiten verbringen. Auch die Teilnahme an Seminaren oder das Lesen dieses Buches ist Arbeitszeit. Selbstständigkeit leitet der Volksmund von »selbst« und »ständig« ab, tatsächlich gilt es aber die Balance zu finden zwischen dem tatsächlichen Arbeitsaufwand für die Apotheke und natürlichem Engagement als Inhaber. Gehen Sie da fair und ehrlich vor.

Ertragsleistung Inhaber = Unternehmensergebnis ÷ Arbeitsstunden Inhaber

3.4.3 Personalkostenanteil vom Umsatz/Rohertrag (Personalleistung)

Bilden Sie nun das Verhältnis zwischen Personalkosten und einer Basis (Umsatz oder besser (s. o.) Rohertrag = 100 %).

Personalleistung (%) = (100 x Personalkosten) ÷ Umsatzerlöse
bzw. Personalleistung (%) = (100 x Personalkosten) ÷ Rohertrag

Beispielrechnung:
Umsatzerlöse: 900 T €
Personalkosten: 90 T €
Personalleistung = (100 x 90.000) ÷ 900.000 = 10 %

Auswertung: Die ABDA meldet im Jahr 2024, dass die deutsche Durchschnittsapotheke ca. 10,3 % Personalkosten (im Verhältnis zum Umsatz) hat. Lassen Sie sich jedoch nicht zu sehr von diesen durchschnittlichen Angaben leiten. Der Inhaber fließt mit seinem kalkulatorischen Unternehmerlohn *nicht* in die Personalkosten mit ein. Wenn er also 70 bis 80 Stunden in der Woche arbeiten sollte und das restliche Personal beispielsweise aus Aushilfskräften besteht, dann sind in dieser Apotheke automatisch niedrige Personalkosten und daraus abgeleitete niedrige Prozentwerte. Die Frage ist, wie erstrebenswert diese Situation ist und wie lange so ein Zustand für den Inhaber auszuhalten ist. Ziel sollte es doch eher sein, immer weniger arbeiten zu müssen und ein tolles Personal zu haben, auf das man sich verlassen kann.

Als Verkaufsargument für Kommissionierautomaten gilt das Versprechen, mittel- und langfristig Personal(-kosten) einzusparen. Diese Erfahrung mache ich eher selten, daher fließen hierzu keine weiteren Überlegungen mit ein. Das Personal wird teilweise anders eingesetzt, aber Kosten werden kaum gespart. Wichtig ist in dem Zusammenhang, dass die freien Kapazitäten möglichst in Mehreinnahmen umgewandelt werden, indem das Personal beispielsweise jetzt mehr Zeit für Zusatzverkauf hat.

Erneut – und bei allen Verhältniszahlen zum Umsatz – weise ich darauf hin, die Berechnung analog auch zum Rohertrag vorzunehmen. Sie werden Benchmark-Zahlen vorwiegend im Verhältnis zum Umsatz finden, daher kommen Sie sehr wahrscheinlich auch zu dieser Berechnung, aber sinnvoller ist die Messung zum Rohertrag. Schaffen Sie sich Ihre eigenen Vergleichswerte über die Jahre hinweg und lösen Sie sich von dem Druck des Sich-vergleichen-wollens.

Bitte verwechseln Sie diese Prozentangabe nicht mit den zuvor verwendeten Prozentwerten. Bislang waren Umsatz oder Rohertrag die Basis, hier sind es die Bruttogehälter. Sie messen, wie hoch Ihre weiteren Personalausgaben sind. Alles steht und fällt wieder mit der genauen Verbuchung der Personalkosten. Stellen Sie sicher, dass Ihnen alle Ausgaben fürs Personal bekannt sind und trennen Sie nach gesetzlichen, tariflichen und freiwilligen Ausgaben. Die Bandbreite der Personallohnnebenkosten in einer Apotheke liegt zwischen 33 und 45 %. Hiervon sind ca. 20 % die gesetzlichen Anteile. Interessant bei der Betrachtung ist vor allem die Trennung nach Bruttogehältern, die sich aus Arbeitsverträgen ableiten, und den – vor allem – freiwilligen Leistungen, die der Inhaber in das Personal »investiert«. Je qualifizierter und engagierter das Personal, umso mehr sind im Vorfeld Kosten für Schulungen und Motivation angefallen. Auch die regionale Arbeitsplatzsituation spielt eine Rolle. Je größer der Mangel an Fachkräften, umso mehr möchten Sie gutes Personal halten und bieten weitere Anreize für Mitarbeiter an. Daher ist wieder der Vergleich mit anderen Apotheken nicht sinnvoll. Das Controlling hat nur für den klaren Überblick der eigenen Zahlen zu sorgen und Veränderung aufzuzeigen.

3.4.4 Personalkosten pro Stunde

Dieser KPI wird benötigt, um Prozesse (z. B. Botendienst), Dienstleistungen (z. B. Vorträge) oder konkrete Tätigkeiten (z. B. Herstellung von Rezepturarzneimitteln, Beratung bei Kosmetika etc.) zu beurteilen. Es ist notwendig, die jeweiligen Personalkosten den Arbeitsschritten zuzuordnen und neben weiteren Kosten, wie z. B. Materialkosten, den Prozess zu bewerten. Die Praxis zeigt, dass es schwierig ist, Aufgaben voneinander zu trennen und zeitlich zu erfassen. Oft werden mehrere Aufgaben gleichzeitig gemacht oder zum Beispiel Tätigkeiten in der Rezeptur unterbrochen, weil Personal in der Offizin benötigt wird. Bisher werden daher eher pauschale Angaben gemacht. Gelingt es dem Apotheker aber, die Leistung der Mitarbeiter genau zu dokumentieren (was wurde wie lange gemacht), lassen sich die angefallenen Personalkosten auch diesen Aufgaben zuordnen. Helfen Sie sich bei der Planung des Personals mit Vorgaben, die schnell und übersichtlich die Arbeitszeit darstellen. Im Zuge der Implementierung von QM in Apotheken haben Sie sich sicherlich bereits damit beschäftigt, die Hauptprozesse zu definieren und diese mit zeitlichen Vorgaben festzuhalten. Das Controlling leistet hier entscheidende Hilfe.

So ermitteln Sie Ihre effektive Arbeitszeit pro Mitarbeiter:
Mit einer tariflichen Wochenarbeitszeit von 40 Stunden (gültige Tarifabschlüsse beachten) und 52 Wochen im Jahr kommen Sie auf die Jahresarbeitszeit, die jedoch rein theoretisch ist. Für die Berechnung der Kennzahlen sollte möglichst die effektive Arbeitszeit herangezogen werden, das bedeutet, abzüglich Feiertage, Urlaub (ca. 33 Werktage), Krankheit (statistisch ca. 9 Tage), Fortbildung und sonstiger Abwesenheit. Mit der neuen Apothekenbetriebsordnung aus dem Jahr 2012 wird die Qualifizierung von Mitarbeitern stärker gewertet und daher ist auch mit höherem Schulungsaufwand zu rechnen. Je nach Bundesland und Standort fallen die Werte unterschiedlich aus und daher wird hier mit einer Annahme von ca. 1.688 Stunden (Vollzeitstelle) gerechnet.

Arbeitstage nach Bundesland beispielhaft für 2025

Bundesland	Jan	Feb	Mrz	Apr	Mai	Jun	Jul	Aug	Sep	Okt	Nov	Dez	Gesamt
Baden-Württemberg	21	20	21	20	20	19	23	21	22	22	20	21	**250**
Bayern	21	20	21	20	20	19	23	20	22	22	20	21	**249**
Berlin	22	20	21	20	20	20	23	21	22	22	20	21	**252**
Brandenburg	22	20	21	20	20	20	23	21	22	21	20	21	**251**
Bremen	22	20	21	20	20	20	23	21	22	21	20	21	**251**
Hamburg	22	20	21	20	20	20	23	21	22	21	20	21	**251**
Hessen	22	20	21	20	20	19	23	21	22	22	20	21	**251**
Mecklenburg-Vorpommern	22	20	21	20	20	20	23	21	22	21	20	21	**251**
Niedersachsen	22	20	21	20	20	20	23	21	22	21	20	21	**251**
Nordrhein-Westfalen	22	20	21	20	20	19	23	21	22	22	20	21	**251**
Rheinland-Pfalz	22	20	21	20	20	19	23	21	22	22	20	21	**251**
Saarland	22	20	21	20	20	19	23	20	22	22	20	21	**250**
Sachsen	22	20	21	20	20	20	23	21	22	21	19	21	**250**
Sachsen-Anhalt	21	20	21	20	20	20	23	21	22	21	20	21	**250**
Schleswig-Holstein	22	20	21	20	20	20	23	21	22	21	20	21	**251**
Thüringen	22	20	21	20	20	20	23	21	22	21	20	21	**251**

Abb. 61: Anzahl der Arbeitstage 2025 pro Monat in Deutschland je Bundesland. Nach: kalenderpedia.de

Bruttogehalt im Monat	Personallohn-nebenkosten	Anzahl Gehälter	Effektive Stunden p. a.	Personal-kosten p. h.	Personal-kosten p. min.
1.500,00 €	35 %	13	1688	15,60 €	0,26 €
2.000,00 €	35 %	13	1688	20,79 €	0,35 €
2.500,00 €	35 %	13	1688	25,99 €	0,43 €
2.800,00 €	35 %	13	1688	29,11 €	0,49 €
3.300,00 €	35 %	13	1688	34,31 €	0,57 €
4.200,00 €	35 %	13	1688	43,67 €	0,73 €

Tab. 1: Personalkosten pro Minute

In Tabelle 1 werden vereinfachend alle Personallohnnebenkosten zusammengefasst. In der Praxis ist es jedoch so, dass nicht alle Mitarbeiter die gleichen freiwilligen Leistungen erhalten und sogar genau die Mitarbeiter, die für spätere Effizienzkennzahlen relevant wären, genau die sind, die auch die höheren Zuwendungen erhalten. Daher ist es optimal, wenn Sie die Personallohnnebenkosten pro Mitarbeiter ermitteln könnten. Dazu wäre es notwendig, alle Personalausgaben des vergangenen Jahres durchzugehen und diese den Mitarbeitern zuzuordnen. Schulungen lassen sich z. B. den Mitarbeitern einzeln zuordnen. Die Kosten für eine Weihnachtsfeier können durch die Anzahl der Köpfe umgelegt werden usw.

Auch hier gilt abzuwägen, wie viel zusätzliche Arbeit Ihnen diese Einzelerfassung im Vergleich zu der zusammengefassten Darstellung der Personallohnnebenkosten macht und welchen zusätzlichen Nutzen es bietet. Sicherlich ist diese Anstrengung einmalig vorzunehmen, um wenigstens zu der Erkenntnis zu kommen, wie unterschiedlich die Nebenkosten pro Mitarbeiter anfallen. Befinden sich die Ausgaben in einer Toleranzbreite von +/− 5 %, würde ich die einfache Zusammenfassung und Vereinheitlichung für das kommende Jahr beibehalten und einmal im Jahr überprüfen. Gegebenenfalls trennen Sie die Nebenkosten nach Berufsbildern, da erfahrungsgemäß mit Höherqualifizierten auch höhere Ausgaben einhergehen.

3.4.5 Personalkosten Je Kunde

Ermitteln Sie, wie viele tatsächlich zahlende Kunden im Jahr in die Apotheke kommen (Bonkunden einmal zählen – ohne Kunden, die für Abholungen erneut kommen müssen) und stellen diese ins Verhältnis zu Ihren Personalkosten. Je nach Standort kann es hier also starke Abweichungen geben.

Annahme:

48.000 zahlende Kunden im Jahr
Höhe Personalkosten 331.000 €

Personalkosten je Kunde = Personalkosten gesamt ÷ Anzahl Kunden
= 331.000 € ÷ 48.000
= 6,90 €

Eine inhabergeführte Apotheke hatte noch 2015 durchschnittlich 2,80 bis 3,75 € Personalkosten je Kunde. Eine Center-Apotheke liegt deutlich unter den Durchschnittswerten. Wie auch bei Personalkosten je Packung gilt hier die Unterscheidung zwischen Inhaber- und Filialapotheken (+ ca. 1 €/Kd.).

Die steigenden Schließungen von Apotheken führen zu einer Absenkung dieser Kennzahl, da sich die Kunden auf die noch bestehenden Apotheken verteilen werden. Dies wird zunächst mit der bestehenden Mannschaft versucht. Man spricht von sprungfixen Kosten, solange das Personal mit dem Kundenanstieg nicht erhöht wird und erst wenn die Belastungsgrenze erreicht wird und zusätzliches Personal eingestellt werden würde, dann auch die Kosten parallel zum Umsatzanstieg steigen würden.

Die Personalkosten sind durchaus beeinflussbar. Wichtig ist ein gut geplanter – an die Kundenfrequenz angepasster – Personaleinsatz. Dies kann sogar zu Ersparnissen führen und trotzdem die Dienstleistungsbereitschaft verbessern.

Berechnen Sie bitte Ihre eigenen und effektiven Werte. Nur so können Sie wirklich praxisrelevante Erkenntnisse gewinnen. Vor allem der Inhaber sollte hier den Satz »Was man nicht alles selber macht ...« überdenken. Manchmal sind die Tätigkeiten sehr teuer, die man als Inhaber meint »selber« machen zu müssen. Delegieren Sie bitte analog zu den Kompetenzen und letztendlich auch analog zu den Personalkosten. Zu hohe packungsbezogene Kosten sollten Sie durch eine Steigerung der Verkaufsmenge und/oder eine Verringerung des Aufwands in den Sollbereich bringen. Dies steuert das Controlling und überprüft es in regelmäßigen Abständen.

Gerade Versandhandel, Onlineshops und Heimbelieferungen nehmen bei Apotheken zu und die dazu gehörenden Tätigkeiten werden vom bestehenden Personal »mitgemacht«. Hier stellt sich die Frage, ob vorher ein effizienter Einsatz der Personalkraft vorlag oder ob man nach und nach das Personal überlastet. Wie hoch sind also die Kosten versus Einnahme pro »Packung«? Werden zum Beispiel nur wenige Wirkstoffe verblistert, haben Sie das gleiche Handling, aber zu kleine Einnahmen dazu. Daher gilt es genau zu rechnen. Derzeit wird geschätzt, dass ca. 25–30 % der Blisterungen nicht rentabel sind.

In der folgenden Grafik erkennen Sie Vergleichswerte der ABDA zu diversen Rezepturbearbeitungszeiten. Empfehlenswert ist an dieser Stelle wieder nicht der permanente Vergleich mit anderen Apotheken, sondern die Schaffung von Normwerten für *Ihre* Apotheke, so dass diese als Orientierung für Mitarbeiter eingesetzt werden können oder gar als Anreiz innerhalb eines Prämiensystems. Zeit senken bei gleichbleibender Qualität! (sofern erkennbarer Bedarf vorliegt).

Rezeptur = Veränderungsprozess in der Apotheke (nicht unveränderte Weitergabe des Stoffes)									
Erträge						Aufwendungen		Ergebnis
AEP	90 % Zuschlag auf AEP	Rezeptur- zuschlag 3,50 - 8 €	Fix- zuschlag	Abschlag GKV (netto)	Umsatz (netto)	Bearbei- tung ca. (min.)	n 54,2 €/h 0,9 €/min.	Ergebnis
6,73 €	6,06 €	5,75 €	8,35 €	1,68 €	25,21 €	36,00	32,40 €	-7,19 €
2,69 €	2,42 €	5,75 €	8,35 €	1,68 €	17,53 €	37,70	33,93 €	-16,40 €
2,12 €	1,91 €	5,75 €	8,35 €	1,68 €	16,45 €	17,30	15,57 €	0,88 €
1,56 €	1,40 €	5,75 €	8,35 €	1,68 €	15,38 €	14,00	12,60 €	2,78 €
19,07 €	17,16 €	5,75 €	8,35 €	1,68 €	48,65 €	177,50	159,75 €	-111,10 €
1,81 €	1,63 €	5,75 €	8,35 €	1,68 €	15,86 €	40,30	36,27 €	-20,41 €
3,04 €	2,74 €	5,75 €	8,35 €	1,68 €	18,20 €	16,30	14,67 €	3,53 €
7,84 €	7,06 €	5,75 €	8,35 €	1,68 €	27,32 €	48,70	43,83 €	-16,51 €
1,81 €	1,63 €	5,75 €	8,35 €	1,68 €	15,86 €	53,30	47,97 €	-32,11 €
5,49 €	4,94 €	5,75 €	8,35 €	1,68 €	22,85 €	29,00	26,10 €	-3,25 €
7,13 €	6,42 €	5,75 €	8,35 €	1,68 €	25,97 €	37,30	33,57 €	-7,60 €

Selbstverständlich wird das Ergebnis durch die genaue Höhe des Rezepturzuschlags verändert. Hier wurde zur Vereinfachung ein Durchschnittswert verwendet.
Auch nach der Verbesserung des Vergütungsmodells gilt es weiterhin, effizient zu arbeiten. In den meisten Fällen kann dennoch ein negatives Ergebnis nicht vermieden werden!

Abb. 62: Vergütung von Rezepturen

3.4.6 Personalkosten je Packung/Dienstleistung

Werten Sie bitte aus, wie viele Packungen Sie durchschnittlich pro betrachtetem Zeitraum abgeben. Je nach Lage und Beratungsintensität kann die Spannbreite von 55.000 bis 120.000 (nur Arzneimittel) liegen und enorm unterschiedlich sein.

Personalkosten je Packung = Personalkosten ÷ Anzahl Packungen
Annahme:
Personallkosten: 331.000 €
Anzahl Packungen: 70.000

Personalkosten je Packung = 331.000 € ÷ 70.000 = 4,73 € oder
Personalkosten je Packung = 331.000 € ÷ 120.000 = 2,76 €

Je kleiner das Ergebnis, umso effizienter wird gearbeitet. Die Personalkosten verteilen sich auf mehr Packungen. Die Tendenz ist steigend, da Personalkosten überproportional zu den Packungszahlen wachsen. Durch Änderungen bei Rabattverträgen oder z. B. einer Schließung der Nachbarapotheke, können sich Packungszahlen ändern. Überprüfen Sie daher im Zuge des Controllings etwa zweimal pro Jahr solche Durchschnittswerte. Je größer die Schwankungen bei Personalkosten sind, desto öfter sollte nachgerechnet werden, jedoch maximal viermal im Jahr.

Ein wichtiger Faktor innerhalb des Personalmanagements ist die *Mitarbeiterzufriedenheit*. Messen Sie diese (anonym) in regelmäßigen Abständen, jedoch mindestens einmal jährlich. Mit diesem Thema geht oft die Einführung eines Verbesserungsvorschlagssystems und entsprechender Boni einher. Mitarbeiterführung ist ein sehr wichtiges Themengebiet, mit dem Sie sich gezielt und mit weiterer Literatur auseinandersetzen sollten. Der Faktor Mensch steht stets vor den Kennzahlen!

3.5 Kunden- und Marketingkennzahlen

Mit allen Kundenmaßnahmen gehen in der Regel auch Ausgaben einher, die sich als Werbekosten oder Marketing klassifizieren lassen. Controlling in diesem Bereich bedeutet, Sie überprüfen, welche Ausgaben mit welchem Erfolg einhergehen. Sinnvoll ist zunächst die Zuordnung der Ausgaben zu den Aktionen. Wie viel Geld geben Sie für Flyer, Zugaben oder z. B. Schaufensterdekoration aus. Das, was am meisten Kapital bindet, sollte auch mit dem größten Effekt (Kundengewinnung) einhergehen. Wie auch in vielen anderen Fällen lässt sich das jedoch nicht auf einzelne Maßnahmen herunterbrechen und umgekehrt sind auch oft Einzelmaßnahmen nicht individuell messbar. So kann bei ein- und derselben Marketing-Aktion der Erfolg völlig unterschiedlich ausfallen, weil zum Beispiel das Wetter am Aktionstag schlecht ist. Daher halte ich an dieser Stelle vielmehr die klare Kostenaufteilung und -übersicht für empfehlenswerter als die Berechnung von Kennzahlen.

Es gilt zu hinterfragen, welche Maßnahmen welche Kunden anlocken. Wie viel Geld geben Sie für Kunden aus, die Sie bereits haben (Stammkunden) und halten möchten, und wie viel geben Sie aus, weil Sie hoffen, dass neue Kunden zu Ihnen kommen. Die Konsequenz aus diesen Erkenntnissen mündet in sehr cleveren Marketingmaßnahmen, denen Sie sich separat widmen sollten. Grundsätzlich fällt mir jedoch auf, dass überwiegend Geld für Werbung und Flyer ausgegeben und nach dem »Prinzip Hoffnung« auf Erfolg gewartet wird. Wünschenswert wären mehr Ausgaben für die Kunden, die Sie bereits über viele Jahre als Stammkunden haben und gerne behalten möchten. Versuchen Sie herauszufinden, warum Kunden bei einer anderen Apotheke sind und nicht bei Ihnen. In vielen Branchen hat sich bereits gezeigt, dass die Gewinnung von Neukunden deutlich teurer ist als die Pflege und Optimierung des bestehenden Kundenstamms. Oft lockt man neue Kunden nur aufgrund von Angeboten an. Ein nicht unerheblicher Teil kommt nur deswegen und bleibt Ihrer Apotheke wieder fern, wenn Sie keine Steigerung und Abwechslung der Angebotsvielfalt aufzeigen können.

Wer zusätzlich einen Onlineshop oder/und Versandapotheke betreibt, muss separate Kundendatenbanken führen, die mit intelligenten EDV-Systemen geführt werden sollten.

Legen Sie Ihr Augenmerk auf die Entwicklung der Kundenkennzahlen. Wie entwickeln sich folgende Kundenaspekte:

- Wie viele Kunden kommen insgesamt?
- Wie viele Kunden sind pro Zeiteinheit nicht mehr erschienen?
- Anzahl Kunden klassifiziert nach Geschlecht, Alter, Krankheitsbild, Ausgaben pro Kauf, Einkaufspräferenzen etc.?
- Wie ist die Kundenzufriedenheit?
- Wie ist die Zahl der Neukunden (und wie sind sie auf Ihre Apotheke aufmerksam geworden)?
- Wie ist der Anteil der Stammkunden (und warum bleiben sie)?

- Wie viele »Einmalkunden« besuchen die Apotheke pro Tag/Woche/Monat?
- Anzahl Kundenanrufe, -dauer, Grund/Bedarf?
- Anzahl und Dauer reiner Informationsgespräche?
- Welcher Kunde hat welche Spezialeinkaufskondition (hinterfragen Sie diese regelmäßig)?
- Wie oft sind Kinder in der Apotheke? Was biete ich ihnen?
- Ist eine bestimmte Zielgruppe im Fokus? (neue Trends beachten, z. B. Männer im Fokus)
- Was bieten wir Hundebesitzern, die ihren »Liebling« draußen anbinden müssen?
- Wie gehen meine Mitarbeiter mit kritischen Kundensituationen um?
- Wird eine Kundenkartei geführt? Bonussystem, Geburtstagsaktionen, Jubiläum etc. (der Kunden)?
- Sind die Wünsche und Anregungen von Kunden abgefragt und festgehalten worden? Wie aktuell sind diese Ergebnisse.
- Wie sind neue Besucher auf uns aufmerksam geworden?
- Wie können Berufstätige besser betreut werden (Firmenbesuche)?
- Wie häufig fallen Nachlieferungen an (nicht als Zweitbesuch erfassen!)?
- Wie viele Nichtverkäufe pro Zeiteinheit fallen an?
- Welche Kunden nehmen auch Dienstleistungen in Anspruch?

Aus den Antworten ergeben sich viele Maßnahmen, die Sie zur Erhöhung von Kundenzufriedenheit und somit des Erfolges der Apotheke ergreifen können.

Zusammenfassend lässt sich sagen, dass es in Sachen Kundenbindung und Marketing wichtiger ist, welche Maßnahmen man ergreift, statt ihre Kosten mit Kennzahlen zu verfolgen. Die Kundenzufriedenheit steht und fällt mit der Vision der Apotheke und der individuellen Vorstellung des Inhabers. Hier lassen sich also keine Branchendaten zum Vergleich nehmen. Aus Erfahrung – branchenübergreifend – lässt sich jedoch sagen, dass mit steigenden Ausgaben für Werbung und Marketing auch der Bekanntheitsgrad und in der Folge auch die Kundenzahlen steigen. Ich halte es jedoch nicht für erstrebenswert, ganz viele Kunden zu haben, die von Angebot zu Angebot pilgern und enttäuscht sind, wenn es gerade kein tolles Angebot gibt. Dies geschieht, wenn Sie nur mittels Angebote auf sich aufmerksam machen. Aktionen wie »20 % auf alles« oder »happy hour« sind beliebt, aber es ist auch bekannt, dass kaum ein überproportionaler Mehrverkauf stattfindet und zusätzliche Gewinne nicht erzielt werden. Was nützen also ganz viele Angebotsjäger, die auch nur das kaufen, an dem Sie kaum Gewinn haben? Sie erkennen also, wie wichtig die richtige Wahl der Marketingmaßnahme ist, statt der puren Zahlen, die sich daraus ableiten.

3.5.1 Kundenzahlen je Zeiteinheit

Je genauer Sie die Kundenströme zuordnen können, umso besser können Sie das Personal einteilen und somit Personalkosten planen. Analysieren Sie Ihre Spitzenzeiten und umgekehrt – wann benötigen Sie welches Personal?

Ähnlich wie bei den Personalkosten, können Sie zwischen Personaleinsatz und Kundenzahl in den jeweiligen Zeiten Verhältnismäßigkeiten bilden. Auch hier bitte ich die Controller um Sensibilität im Umgang mit den Ergebnissen. Natürlich kann es für erstrebenswert gehalten werden, dass ganz wenig Zeit pro Kunde zur Verfügung steht. Nur mit welchen Folgen? Kunden fühlen sich nicht wichtig genommen, »schnell abgefertigt« oder gar nicht ausreichend gut beraten? Kundenverluste sind die Folge und das ist absolut nicht erstrebenswert.

3.5.2 Kundenzufriedenheit

Um auf einige Antworten zur Kundensituation zu kommen, benötigen Sie eine Kundenumfrage. Bitte achten Sie auf einen aussagefähigen Befragungsbogen. Sehr häufig begegnet mir ein Bogen mit jeweils fünf Antwortkästchen zu gegebenen Fragen. Dies ermöglicht einem Kunden, der möglicherweise in Zeitnot ist oder/und keine wirkliche Motivation hat, fundiert zu antworten, einfach nur das mittlere Feld anzukreuzen. Die Tendenz zur Mittelmäßigkeit ist dann eine Gefahr, wenn Sie eine ungerade Anzahl an Antwortkästchen vorgeben. Bitte definieren Sie entweder 4 oder 6 Antwortkästchen. So zwingen Sie Ihren Kunden, tendenziell gut oder tendenziell schlecht zu beurteilen. Mit vier Kästchen überlasten Sie den Kunden nicht, mit sechs Kästchen können Sie tiefere Erkenntnisse gewinnen. Bitte lesen Sie in Marketingliteratur, wie auf einzelne Kundentypen einzugehen ist und mit welchen Mitteln Sie eine höhere Kundenbindung erzielen können. Literaturhinweise finden Sie am Ende des Buches.

Befragen Sie Ihre Kunden nach dem subjektiven Empfinden, wie sie mit dem Angebot und der Dienstleistung Ihrer Apotheke (u. a. Raumausstattung wie Blumen, Temperatur, Duft, Waage, Aufsteller, Licht, Freundlichkeit der Mitarbeiter...) zufrieden sind. Die Auswertung kann zur Verbesserung und Optimierung des Angebotes, aber auch als Grundlage zur Ausschüttung von Mitarbeiter-Boni dienen.

Das Controlling würde einerseits die Daten auswerten und andererseits Ideen entwickeln, wie Verbesserungen zu erzielen sind. Ebenfalls liegt es in der Hand des Controllings, nachzusetzen und stetig zu überprüfen, wie weit die Maßnahmen umgesetzt worden sind.

Die Kunden passen sich oft, ob bewusst oder unbewusst, Ihrer definierten Strategie an. Zielen Sie überwiegend auf Discount, Masse und Aktionen, so ziehen Sie immer mehr Kunden an, die nur der Angebote wegen kommen und umgekehrt. Kunden schätzen ein klares Bild, eine klare Positionierung. Stellen Sie sicher, dass *Sie* es sind, der Trends definiert und Kunden lenkt. Wenn Sie immer nur *re*agieren, wird Ihnen ein konsequentes Kundencontrolling nicht besonders hilfreich sein. Beispiel: Sie messen regelmäßig Kundenzahlen. Wenn ein Kunde nun mit einem Angebotsflyer der Nachbarapotheke zu Ihnen kommt und Sie gewähren ebenfalls diesen Nachlass, so hat der Kunde ein Erfolgserlebnis und kommt wahrscheinlich wieder. Wird er dann aber bereit sein, Ihre regulären Preise zu zahlen oder erwartet er dann wieder einen Nachlass? Wenn Sie klar im Auftreten sind, passen sich Kunden eher an, und Sie können dann die Bon-Werte und Warenkorbwerte pro Kunde etc. besser interpretieren.

3.5.3 Umsatz je Kunde (Korbumsatz)

Korbumsatz = Zielumsatz non-Rx ÷ non-Rx-(Bon-)Kunde

Zunächst trennen Sie bitte wieder den Umsatz nach Rx und non-Rx. Wenn Sie Kunden haben, die häufig mit einem Rezept für ein hochpreisiges Arzneimittel kommen, so entsteht schnell beim Kunden die Erwartungshaltung, auch als besonders guter Kunde behandelt zu werden. Daher ist nicht nur wichtig, zu sehen, wie hoch der Umsatz ist, sondern auch den dazu gehörenden Rohertrag zu messen. Die Rezepte werden Sie annehmen, wie sie kommen, und wie Ihre umliegenden Ärzte verschreiben, ist von vielen Faktoren abhängig, die Sie gar nicht beeinflussen können. Daher liegt der Fokus hier auf dem Umsatz, den Sie im non-Rx-Bereich generieren und der durch zusätzliche Beratung beeinflussbar ist (Korbumsatz).

Die wirtschaftliche Lage der Apotheken zwingt Sie immer mehr dazu, Zusatzumsatz zu generieren und das ist leider sehr häufig gegen die Vorstellung der Mitarbeiter. Sehr häufig höre ich den Satz: »Ich möchte den Kunden nichts andrehen«. An dieser Stelle kann ich nur dringend zu einem guten Coaching raten. Es geht hier nicht um das Andrehen, sondern um sinnvolle Therapieergänzung. Definitiv sollten hier die Mitarbeiter durch Kollegen mit Vorbildfunktion (Chef) und mittels Coaching unterstützt werden. In vielen Apotheken sind sogar Prämien an den Korbumsatz gekoppelt und viele Lieferanten arbeiten schon seit Jahren mit Anreizsystemen bei Mehrabsatz.

Wie hoch sollte der wichtige Korbumsatz sein? Das hängt von der Ausgangssituation ab und wie viel Optimierungsbedarf vorliegt. Die Vorgabe leitet sich wieder aus dem strategischen Management der Apothekenleitung ab. Diese muss definieren, welche Soll-Werte für das Jahr zu erreichen sind. Wenn der Zielumsatz (getrennt nach Rx und non-Rx) definiert worden ist, wird er durch die Anzahl der Bon-Kunden geteilt, so dass der durchschnittliche Umsatz pro Bon-Kunde entsteht. Hier spielt es ebenfalls eine Rolle, wie viele Kunden Sie prognostizieren. Diese detaillierte Planung gelingt nur mit entsprechenden Marktkenntnissen. Schließen zum Beispiel andere Apotheken, so müssen unterjährig diese Zahlen angepasst werden, so dass für das Controlling neue Soll-Vorgaben entstehen. Diese Zahl sollte also monatlich gemessen und angepasst werden.

3.5.4 Rohgewinn je Kunde

Da der Umsatz aus den Kassensystemen generiert werden kann, werden oft nur die Bon-Werte (Umsatz) gemessen. Wie schon mehrfach in diesem Buch betont, ist jedoch der Gewinn entscheidend und in diesem Fall der Rohertrag. Messen Sie also nicht nur, wie viel der Kunde gekauft hat, sondern wie viel Rohertrag dabei übrig blieb. Ziel muss es sein, diesen Wert stetig zu erhöhen. Dies gelingt einerseits durch das Weglassen von Angeboten und andererseits durch aktive Empfehlung im Verkaufsgespräch. Es gilt, optimale Einkaufskonditionen zu erzielen und diese als Gewinne für die Apotheke zu belassen.

Die Vorgehensweise und Ansätze fürs Controlling sind analog zum Umsatz je Kunde anzugehen.

3.5.5 Anzahl Kunden (Neu-, Stammkunden)

Über Kundenkarten sollten Sie messen, wer Ihre Kunden sind (Zielgruppen) und wie sie sich verändern. Da das Kundenverhalten diesbezüglich sehr unterschiedlich ist, hat diese Kennzahl oft wenig Aussagekraft. So können beispielhaft zwar Kunden im Besitz Ihrer Kundenkarte sein, geben es aber beim Kauf nicht an, weil sie es vergessen haben (bzw. das Personal fragt nicht nach), oder es werden die Karten innerhalb von Familien oder Kollegenkreisen weitergegeben. Ebenfalls besteht die Gefahr, dass die Angaben nicht korrekt gemacht werden – »Hauptsache, es gibt Rabatt«. Empfehlung: Nutzen Sie nicht die Kundenkarte in Verbindung mit Rabatt auf Frei- oder/und Sichtwahl, sondern rein zur Steigerung der Beratungsqualität. Die automatisierte Rabattvergabe führt nicht zur erhöhten Kundenzufriedenheit. Denken Sie stattdessen über Bonussysteme nach, um Mehrumsatz anzuregen.

3.6 Lagerkennzahlen

Die Handhabung der Kennzahlen im Warenbereich ist für eine Apotheke sehr wichtig, da es um Kapitalkosten, Personaleinsatzplanung und Lieferfähigkeit geht. Mit der Lieferfähigkeit ist auch die Kundenzufriedenheit und somit der Gesamterfolg der Apotheke eng verbunden.

Die Beeinflussung der Lieferanten bietet wenig Spielraum und lässt sich auf folgende Schwerpunkte zusammenfassen:
- Bündelung der Mengen bei Bestellungen,
- Reduzierung der Anzahl an Lieferanten in Balance mit Ihrer eigenen Lieferfähigkeit,
- genaue Bedarfsermittlung, nicht nur software-basiert, sondern auch orientiert an Trends der Region, Definieren von eigenen Trends, Jahreszeit u. Ä.,
- ständige Optimierung der Lieferkonditionen; Betreuung durch Einkaufsprofis,
- Kontrolle der Rechnungen der Lieferanten.

Zu hoher Vorrat an Produkten bindet in der Regel zunächst Kapital. Je genauer Sie auf Ihre Kunden eingehen können, desto weniger werden substituierbare Artikel nachgefragt. Ihre Empfehlungen »aus pharmazeutischer Sicht« sind für Kunden von großer Bedeutung. Gerade bei Rezepten erlebe ich, dass schlicht nur das abgegeben wird, wonach gefragt wurde, und Zusatzumsatz nicht generiert wird. Es gilt, den gesamten Einkaufsprozess zu optimieren. Das, was sinnvoll auch zu einer Indikation abgegeben werden kann, muss auch gut eingekauft worden sein. Daher sollte der Einkauf vom HV-Personal unterstützt werden, und umgekehrt sollte der Einkauf kommunizieren, welche Produkte den höchsten Stücknutzen haben und somit als Erstes empfohlen werden sollten. Dies erfordert viel Feingefühl vom Verkaufspersonal, so dass für den Kunden stets die optimale Beratung und Versorgung stattfindet und die Apotheke dennoch davon profitiert. Dies ist sicherlich nicht immer möglich. Hier sind Menschenkenntnis und Empathie gefragt. Im Controlling kann hier nur unterstützend gearbeitet werden. Einkaufstätigkeit ist von der Controlling-Tätigkeit zu trennen, daher wird hier nicht weiter auf den richtigen Einkaufsprozess eingegangen.

Warenkosten sind für die Apotheke der wichtigste Kostenblock. Sie beziehen aber darüber hinaus weitere Produkte und Dienstleistungen, etwa von Telefondienstleistern, Leasingagenturen, Versicherungen oder Werbeagenturen. Achten Sie auch hier auf Preis- und Qualitätsvergleiche, nutzen Sie Skonti und Rabatte.

Sehen Sie bitte die Lagerkennzahlen auch immer im Zusammenhang mit dem gesamten Ablauf der Apotheke. Die Höhe des Warenlagers hat sofort Einfluss auf die Handlingkosten (von allen weiteren Kosten unabhängig). Große Vielzahl an unterschiedlichen Artikeln führt zu vielen Sonderabläufen und bindet Personalkapazitäten. Gibt es hier Handlungsbedarf (zum Beispiel bei Spezialrezepturen, Arzneimittelähnlichkeiten/-verwechslungen, teure und verfallsgefährdete Präparate)? Das Controlling hinterfragt hier solche Prozesse und bietet Hilfestellung bei Optimierung an.

3.6.1 Lieferfähigkeit/Defektquote

Bei der Beurteilung der Lieferfähigkeit steht die Toleranz der Kunden im Vordergrund. Es gilt zu entscheiden, wie hoch die kunden- und packungsbezogene Versorgungsfähigkeit ausfallen soll. Dies kann bis zu 90 – 95 % betragen. Ebenfalls spielen Boten- und Versandkosten eine Rolle. Je nach Konkurrenzsituation wird der Apotheker seine Entscheidung treffen. Alleine schon Apotheken mit eigenen Parkplatzmöglichkeiten haben hier einen Vorteil im Vergleich zu der Situation, dass der Kunde bei der Abholung seiner zunächst nicht lieferbaren Ware mühsam einen Parkplatz suchen oder gar Parkgebühren auf sich nehmen muss. Eine Verallgemeinerung ist leider auch hier nicht sinnvoll.

Die ABDA schreibt in Ihrem Wirtschaftsbericht 2023, dass *mehr als die Hälfte der Wirkstoffe der in Europa zugelassenen Fertigarzneimittel aus Asien kommen, darunter 41 Prozent aus Indien und 13 Prozent aus China.* Die weit entfernten Produktionsstätten, Transportwege, Konditionsbedingungen geregelt durch die Krankenkassen und diverse Hype-Effekte sind die Ursachen für die immer noch andauernden Lieferschwierigkeiten. Die massiven Lieferengpässe der vergangenen Monate haben Apotheken in unangenehme Situationen gebracht.

Zum Umgang mit Lieferengpässen möchte ich auf Empfehlungen der Firma Konzept-A GmbH[5] zurückgreifen. Die Experten raten dazu, ...

- die »eisernen Bestände« bzw. Mindestabstände anzupassen, um früher eine Bestellung auszulösen,
- Einzelimporte zu etablieren sowie
- die erleichterten Abgaberegeln (Corona-Ausnahmeregeln, ALBVVG[6]) auszunutzen und in stetige Regeln überzuführen. Zum Beispiel: Zuzahlung bei Teilmengenabgabe, erweiterte Austauschmöglichkeiten bei Nichtverfügbarkeit.

Weiterhin beobachten die Einkaufsprofis folgende Fehler in der Praxis:

- Wenn Artikel lieferbar sind, wird dann nur der Monatsbedarf/kleine Mengen eingekauft (Resultat aus häufig geäußerten Wünschen der Inhaber, die Lager »klein« zu halten, um nicht viel Kapital zu binden.
- Achtung: Änderung der Rabattpartner (vor allem bei großen Krankenkassen) werden nicht oder nicht ausreichend beachtet
- Es wird nicht auf die Zeichen der Warenwirtschaft geachtet (Ampelsystem/Pfeile: welches Arzneimittel hat die meisten Überschneidungen mit den Rabattverträgen der Krankenkassen)
- Die Lagerbreite ist zu groß und Lagertiefe dafür zu klein
- Man hat zu viele Lieferanten → pharmazeutischen Großhandel (GH), Hersteller usw.

Daher geben uns diese erfahrenen Berater folgende Tipps mit auf den Weg:

- BfArM Liste im Blick haben
- Genaue Bedarfsanalyse an Jahreszeit und Region (zum Beispiel Oktoberfest = Katerset) orientieren
- Auslaufende Rabattverträge großer Krankenkassen im Blick behalten (Unterstützung in der Warenwirtschaft)

---

5 https://www.konzept-a.de/
6 Arzneimittel-Lieferengpassbekämpfungs- und Versorgungsverbesserungsgesetz vom 27.07.2023

- Außergewöhnliche Bestellfenster beachten → GH bucht individuell zu speziellen Zeiten neue Bestände zu. Wer dann bestellt, der erhält die Ware. Einkauf optimieren: GH (Nachlieferungen aufnehmen → GH-Portal), Hersteller und Portale (Pharmamall)
- Reduzierung der Lieferanten unter Beachtung der Konditionen (lohnt sich der Direkteinkauf?)
- Bessere Kommunikation im Team → pharmazeutisches Personal legt Alternativen zu fehlenden Wirkstoffen fest (erweiterte Austauschmöglichkeiten) und kaufmännisches Personal stellt Angebote zusammen.

An dieser Stelle ein herzliches Dankeschön an die Experten nach Hausen!

Die Defektquote bezeichnet das Verhältnis zwischen Nicht-Leistung und der Menge der Gesamtwünsche Ihrer Kunden. Mit Gesamtwünschen sind apothekenspezifische Anfragen zu Produkten, Rezepten oder/und Dienstleistungen gemeint. Eine Nicht-Leistung entsteht, wenn ein Kundenwunsch nicht erfüllt werden kann. Entsteht die Situation der Nicht-Leistung häufig, sind Mindestlagermenge und Aktualität des Warenlagers zu überprüfen.

> **Die Abholschokolade**
> In einem meiner Seminare erzählte mir ein Apotheker, dass er sehr wenige Lagermöglichkeiten hat und er daher sehr häufig für Kunden nachbestellen muss. Damit die Kunden aber nicht zu sehr verärgert sind, weil sie nochmals kommen müssen, hat er die »Abholschokolade« eingeführt. Dazu wählte er eine ausgesprochen leckere und attraktive Praline aus, die zum absoluten Renner wurde. Es führte sogar so weit, dass die Kunden enttäuscht waren, wenn er etwas vorrätig hatte.
> Für die Sommervariante habe ich auf der expopharm die Kekselmacher aus Leubsdorf kennengelernt. Sehr empfehlenswert!

Je weniger lieferfähig Sie sind, desto eher stellt sich auch die Frage nach dem Botenservice. Führen Einsparungen im Einkauf zu überhöhten Botenfahrten, hat die Apotheke keinen Gewinn daraus erwirtschaftet. Hier wacht das Controlling stets über diesen Vergleich: Kosteneinsparung im Einkauf vs. erhöhte Botenkosten. Auch hat das Personal stärker im Beratungsgespräch darauf zu achten, substituierbare Produkte zu kennen und aktiv anzubieten. Im gleichen Zuge gilt es über clevere Rhetorik, das Abholen durch den Kunden selbst attraktiver zu machen. Und wenn Sie gleichzeitig einen Bonuspunkt oder Taler mehr fürs Abholen vergeben, haben Sie sicherlich einen höheren wirtschaftlichen Vorteil als beim Botengang. Vergessen Sie auch nicht die Chance des zusätzlichen Einkaufs beim Abholen!

3.6.2 Lagerkosten

Lagerkosten sind keine eigenständige Kostenart, die Sie in der GuV oder BWA finden, sondern eine Kombination aus verschiedenen Faktoren:
- Einfluss auf die Liquidität,
- Kapital kann nicht zinsbringend angelegt werden,

- Zinskosten, wenn Ware fremdfinanziert werden muss,
- Raumkosten,
- Handlingkosten,
- Wertverlustrisiko,
- Gebühren Kommissionierer (Zinsbelastung oder Leasing).

Es wird immer moderner, dass sich Apotheker Kommissionier-Automaten einbauen lassen, auch wenn nicht unbedingt der hohe Lagerumschlag als Argument dahinter steht. Es geht um Arbeitserleichterung und die permanente Präsenz beim Kunden. Wenn diese Kundennähe auch tatsächlich effektiv ist und jedes Mal Zusatzumsatz generiert, so haben Sie sicherlich einen großen Beitrag zur Standortsicherung gemacht. Doch beachtet man die hohen Kosten und die Frage, wann es sich amortisiert, so sollte genau gerechnet werden, ob sich diese Investition gelohnt hat. Die Lagerkosten steigen mit der Belastung durch die Finanzierung des Kommissionierers einerseits, jedoch werden andererseits die Handlingkosten gesenkt. Beachten Sie dennoch Störungen, Reparaturen und sonstige Ausfälle, die wiederum mit dem Kommissionierer einhergehen!

> **TIPPS ZUR OPTIMALEN LAGERHALTUNG:**
>
> ... gibt es nicht! Es sind mehrere Faktoren, die hier ins Gewicht fallen und die jeder einzeln abwägen und priorisieren sollte. Wie sehr können Sie es sich leisten, einen Kunden nicht direkt zu bedienen, und wie viel Lagerfläche steht Ihnen zur Verfügung? Je mehr Sie Richtung Kundenzufriedenheit tendieren, umso mehr entstehen Ihnen Handlingkosten (viele verschiedene Bestellungen), schlechtere Einkaufskonditionen (kleine Mengeneinheiten), Kapitalbindung (da Ware vorrätig gehalten wird und Sie nicht anderweitig investieren können) und Fehlerpotenzial (durch viele verschiedene Abläufe, Tätigkeiten und Informationen). Finden Sie Ihren akzeptablen Mittelweg und schulen Sie Ihr Personal vor allen Dingen dafür, dem Kunden besonders freundlich mitzuteilen, dass etwas nicht vorrätig ist und was stattdessen die Lösung ist.

3.6.3 Lagerumschlag/Umschlagshäufigkeit

Die Drehzahl drückt aus, wie oft der Warenbestand in einem bestimmten Zeitraum (in der Regel pro Jahr) umgeschlagen bzw. verkauft wurde.

Drehzahl = Umsatz – Wareneinsatz ÷ durchschnittlicher Lagerbestand*
* bewertet zu Einstandspreisen

Den *durchschnittlichen Lagerbestand* errechnen Sie, indem Sie den Jahresanfangsbestand nehmen, alle Zugänge dazu addieren und den Endbestand wieder subtrahieren. Dieser Wert, dividiert durch 12, ergibt den monatlichen Durchschnittslagerbestand. Beachten Sie, dass Sie gleiche Werte miteinander ins Verhältnis setzen. Wenn Sie den *monatlichen* Lagerdurchschnittsbestand haben, setzen Sie den *monatlichen* Umsatz dazu ins Verhältnis etc.

Sind die Zu- und Abgänge relativ gleichmäßig oder ist der Zeitraum sehr kurz, kann man folgende Formel anwenden:
- Lagerbestand= (Anfangsbestand + Endbestand) ÷ 2

Sind die Zu- und Abgänge nicht gleichmäßig oder ist der Zeitraum lang, sollte man folgende Formel anwenden:
- Lagerbestand = (Anfangsbestand + 12 Monatsendbestände) ÷ 13

oder

- Lagerbestand = (Anfangsbestand + 4 Quartalsendbestände) ÷ 5

Durchschnittlich erzielen Apotheken einen Wert von 8 bis 9; die besonders aktiven Apotheken schaffen > 11.

Eine hohe Umschlagshäufigkeit verbessert die Liquidität der Apotheke. Es bedeutet, Ihre Artikel werden stark nachgefragt, Sie haben eine hohe Kundenfrequenz. Sinkt der Umsatz bei gleichbleibendem Warenbestand oder erhöht sich der Warenbestand bei gleichbleibendem Umsatz, so verringert sich die Drehzahl. Die bestmögliche Drehzahl wird erreicht, wenn der Umsatz optimal ausgeschöpft wird und der Warenbestand im richtigen Verhältnis zum Umsatz steht. Eine lange Lagerzeit hat oft Qualitätseinbußen bei der Ware (Folge: Preisnachlässe oder auch Unverkäuflichkeit), Kosten für Lagerhaltung, blockierte Verkaufsfläche und Kapitalbindung zur Folge. Es gilt, die richtige Balance zu finden zwischen Lieferfähigkeit und einem niedrigen Lagerbestand. Eine häufige Ableitung lautet, dass kein Artikel länger als 3 Monate bevorratet werden sollte. Diese Artikel werden ausgelistet und erst bei Bedarf bestellt. Legen Sie sich hierzu eine Liste an mit »Langsamdrehern« und beachten Sie, ob es sich hierbei um klassische Saisonartikel handelt oder um Ware, die annähernd ganzjährig verlangt wird. Nur diese hat für unsere Betrachtung Relevanz. Die Empfehlung vom Controlling sollte weiterhin sein, herauszufinden, wer diese Artikel kauft. Erinnern Sie sich an das Walmart-Beispiel zu Beginn dieses Buches? Manchmal kann ein pro-aktives Vorgehen im Sinne einer Vorratsbestellung (sofern pharmazeutisch vertretbar) die Effizienz in den Prozess bringen.

Wenn von *Kapitalbindung/Kapitalkosten* für Ihr Lager die Rede ist, dann ist damit gemeint, dass Sie die eingelagerten Waren in der Regel bereits bezahlt haben und dieses Geld nun nicht anderweitig gewinnbringend anlegen können. Es entgehen Ihnen Zinseinnahmen. Gravierend wird es, wenn Sie die Ware tatsächlich mit Fremdkapital finanzieren müssen und echte Zinskosten anfallen. Dies kann noch als notwendig begründet werden. Was aber nicht als betriebswirtschaftlich sinnvoll zu sehen wäre, wären Überbestände, die Sie nicht abverkaufen. Eventuell haben Sie sich ja von einem guten Verkäufer dazu bewegen lassen, viel zu viel einzukaufen. Wenn Sie die Waren dann am Lager haben, haben Sie das Geld dafür bezahlt. Das ist echte Kapitalbindung, die Sie definitiv vermeiden sollten. Setzen Sie sich klare Grenzen, ab welcher »Anwesenheitsdauer« ein Produkt aus dem Sortiment genommen wird. Je nach Kundenanzahl bewegen sich diese Werte zwischen drei und sechs Monaten. Die Dauer ist aber nicht das einzige Kriterium. Ist der Einkaufswert zu gering, so sind eventuell die Prozesskosten des Aussortierens und Neubestellens höher, als wenn Sie den Artikel liegen ließen. Daher sollten Sie neben der Dauer auch einen Mindestwert festlegen. Erfahrungsgemäß liegt dieser bei ca. 28 bis 35 €. Optimieren Sie dies, indem Sie für Stammkunden, die seltene Produkte bei Ihnen kaufen, entsprechend kurz vor Fälligkeit bestellen. Die Kunden haben oft Verständnis dafür und »kooperieren«. Je besser Sie den Kundenbedarf einschätzen, umso weniger müssen Sie sich für alle Eventualitäten Ware auf Lager legen.

Ebenfalls schlägt der Verfall von rezeptpflichtigen Arzneimitteln teuer zu Buche. Berechnen Sie die Retourekosten bzw. den Verfall und stellen den Gewinn pro Packung dagegen. Wie häufig müssten Sie nun Packungen verkaufen, um den einen Verlust auszugleichen? Für eine verfallene Packung eines rezeptpflichtigen Artikels muss dieses Präparat ca. 30-mal verkauft werden, um den Verlust auszugleichen! Informieren Sie sich daher über die geltenden Rücknahmebedingungen verschiedener Lieferanten oder alternativer Abnehmer.

Fazit: Ich werde häufig gefragt, welches nun die optimale Lagerkennzahl ist. Hier sind wir wieder an dem Punkt, ob Kennzahlen der Kennzahl wegen gerechnet werden sollen oder ob praktische Aspekte nicht wesentlich wichtiger sind. Grundsätzlich halte ich die Sortimentszusammenstellung und die Einkaufskonditionen für wichtiger als eine optimale Lagerkennzahl. Wenn ich sehe, dass in vielen Apotheken manchmal mehr als zehn verschiedene Nasensprays gleichzeitig präsentiert werden und sie einen Jahresabsatz von 1.000 Packungen haben, dann werden jeweils 100 Packungen pro Hersteller bestellt. Können hier vernünftige Einkaufskonditionen erzielt werden? Hier gilt es, das Sortiment zu verschlanken und höhere Mengen bei weniger Herstellern zu beziehen. Wenn Sie Ware bündeln, haben Sie die Ware automatisch länger auf Lager. Wenn Sie aber dadurch bessere Einkaufskonditionen erzielen, ist dies viel besser als empfohlene durchschnittliche Lagerkennzahlen. Der bessere Einkaufsvorteil steht über allen Lagerkennzahlen.

Zwar erwartet der Kunde, dass er sein Medikament sofort erhält, damit er auch schnell gesund wird, aber auch hier sind manchmal Ängste der Mitarbeiter unberechtigt. Häufig reagieren Kunden mit Verständnis, und wenn Sie sogar eine kleine Belohnung erhalten (Bonuspunkte, »Abholschokolade«), dann bleiben sie entspannt. Oft spielen hier Rhetorik und Charme eine große Rolle. Denn welche andere Branche kann – so wie Sie – alles (pharmazeutisch-relevante) innerhalb so kurzer Zeit besorgen? Wieder einmal gilt es, ein Feingefühl zu entwickeln und eine gesunde Balance zu finden.

> **TIPP:**
>
> Lagerkennzahlen: Sie sollten nicht nach einer bestimmten Lagerkennzahl streben. Vielmehr ist ein attraktives Sortiment wichtig, das Sie zu guten Einkaufskonditionen erworben haben und zu richtig kalkulierten Preisen anbieten. Ich unterstelle Ihnen pharmazeutische Fachkenntnis und somit die Tatsache, dass Sie nichts bestellen, was Sie auch nicht glauben, verkaufen zu können. Bei attraktiven Einkaufskonditionen sollten Sie sich das Lager voll machen und diese Artikel mit richtigen Aufschlägen wieder verkaufen. Hier liegen Ihre Gewinne.

Die Rentabilität Ihrer Waren in Verbindung mit der Verweildauer im Lager lässt sich analog der Kennzahl ROI (Return on Invest) prüfen. Es kann nämlich sein, dass ein Produkt zwar einen tollen Stücknutzen hat, aber ganz selten verkauft wird und umgekehrt ein Produkt mit einem geringeren Stücknutzen häufiger »geht«. Es gilt ein Verhältnis zu schaffen zwischen Umsatzrentabilität und Umschlagshäufigkeit. Sinnvoll ist natürlich nur ein Vergleich zwischen Produkten, die sich gegenseitig ersetzen könnten, also beispielsweise den gleichen Wirkstoff enthalten.

Treffen wir folgende Annahmen:

	Stücknutzen	abverkaufte Packungen	Rohertrag	EK netto
		per anno		
Produkt A:	3,28 €	366 Stück	1.200,48 €	8,20 €
Produkt B:	3,66 €	326 Stück	1.193,16 €	8,35 €
Formel ROI (Ableitung) =	Gewinn / Umsatz x (Umsatzrentabilität)		Umsatz / investiertes Kapital x (Kapitalumschlag)	

Die Umsatzrentabilität sagt aus, wie viel Cent Gewinn ich an jedem Euro habe, den mir der Kunde in die Apotheke bringt. Der Kapitalumschlag hingegen gibt mit die Information, wie häufig sich ein Artikel verkaufen muss, dass sich die Investition amortisiert hat, also bezahlt gemacht hat. Betrachten Sie also nicht nur die Formel rein mathematisch, sondern sinngemäß. Das Produkt, also das Ergebnis dieser Multiplikation können wir beim Vergleich von Artikeln nachfolgend weiter betrachten.

Investiert in unsere Produkte haben wir den Wareneinsatz in der angegebenen Stückzahl:
Produkt A = 366 x 8,20 € = 3.001,20 €
Produkt B = 326 x 8,35 € = 2.722,10 €

In der Formel lässt sich Umsatz herauskürzen und wir benötigen die Prozentangabe, so dass anschließend mit 100 multipliziert wird:
ROI Produkt A = 1.200,48 / 3.001,20 x 100 = 40 %
ROI Produkt B = 1.193,16 / 2.722,10 x 100 = 43,83 %

Was sagt das Ergebnis der ROI-Betrachtung aus? Ein ROI von 10 % würde bedeuten, dass innerhalb der 100 % (hier Zeitraum) das Produkt erst in 10 Jahren die Amortization erwirtschaftet. Wird es so häufig zu dem Stücknutzen verkauft, ist es erst in 10 Jahren »abbezahlt«, Ein ROI von 100 % würde bedeuten, dass es sich sofort bezahlt gemacht hat. In der Industrie wird gerade bei langfristigen und kostenintensiven Projekten diese Kennzahl als Zielwert für alle Aktivitäten vorgegeben. Wenn beispielsweise die Investition bereits abgeschrieben ist, aber der Invest immer noch nicht »raus«, dann gibt es keinen Restwert und man hat noch Schulden! Ähnlich können Sie es mit Ihrem Warenlager sehen. Je schneller sich die Ware dreht und je höher der Stücknutzen, umso schneller können Sie die Lieferanten bezahlen. Falls also tatsächlich eine Entscheidung für Produkt A oder Produkt B fallen soll, würden Sie sich für Produkt B entscheiden, da dieses schneller seinen Einkaufspreis erwirtschaftet.

Wie auch schon bei den zuvor genannten Kennzahlen im Lager kann in den meisten Fällen nicht rein mathematisch entschieden werden. Je nach Rabattverträgen der GK-Versicherungen, je nach Lieferfähigkeit der Hersteller und Lieferanten, je nach Verschreibungsverhalten der Ärzte und Kundenbedarf werden Sie durchaus auch mehrere Alternativ vorrätig halten »müssen«.

3.6.4 Lagerwert in Prozent vom Umsatz

Je niedriger der Wert Ihres Lagers ist, desto weniger Kapital ist gebunden, das Sie anderweitig gut gebrauchen könnten. Als Gegengewicht steht Ihr Anspruch auf gute Lieferfähigkeit. Durchschnittlich liegt der Lagerwert bei 6 bis 7 % vom Umsatz. Die Angaben zum Umsatz sollten Sie in Ihrer BWA vorfinden, die Vorratswerte lesen Sie aus der Bilanz ab. Vorsicht beim Einkauf von hochpreisigen Arzneimitteln. Sie erscheinen zunächst attraktiv, weil sie mit ihrem absoluten Rohgewinn besser zur Kostendeckung beitragen (3 % auf AEP). Auf der anderen Seite haben Sie aber ein höheres Risiko am Lager. Im Einkauf sind für hochpreisige Präparate erfahrungsgemäß nur geringe Einkaufsvorteile zu erzielen. Auch können Gebührenabzüge dazu führen, dass von den ohnehin niedrigen Rabatten fast nichts mehr übrig bleibt. Im Lager binden hochpreisige Arzneimittel erhebliches Kapital. Da zwischen Einkauf und Bezahlung durch das Rechenzentrum eine längere Zeitspanne liegt, müssen Sie in der Regel vorfinanzieren, was mit fehlender Liquidität und eventuellen Zinskosten einhergeht. Oft ist die Rückgabe an den Großhandel mit Retourenabschlägen verbunden, weil diese Artikel die zulässige Quote sprengen. Das kann 20 bis 40 % Gebührenabzug ausmachen und somit mehrere hundert Euro Wertverlust. Sind hochpreisige Arzneimittel sogar unverkäuflich oder verfallen, ist der Rohgewinnverlust natürlich noch gravierender.

Vernichtend kommt hinzu, wenn Privatpatienten die Rechnung mit Kreditkarte bezahlen möchten. Sie generieren zwar 3 % auf den Apothekeneinkaufspreis als Umsatz (+ Fixzuschlag), der Kunde aber begleicht die Gesamtrechnung und die Kreditkartengebühren (zwischen 1,5–3,8 %) gelten auf den Gesamtbetrag.

3.7 Sonstige Kennzahlen

3.7.1 Prozesskennzahlen

Hier gilt es zunächst, wichtige Tätigkeiten (Prozesse) zu definieren und von kleineren, weniger wichtigen, zu trennen. Hierzu eignet sich die zu Beginn vorgestellte ABC-Analyse. Sind die Hauptprozesse konkretisiert, gilt es im nächsten Schritt festzustellen, wer wie lange und eventuell warum diese Tätigkeiten ausführt. Gerade bei sich wiederholenden Tätigkeiten (z. B. Herstellung einer bestimmten Rezeptur) können dann optimale Zeiten als Vorgabe definiert werden. Diese Vorgehensweise ist in der Industrie seit Jahrzehnten gängig. Sind diese Prozesse definiert, kann dann der Personalzeitaufwand besser geschätzt werden und somit gerade bei Teilzeitkräften die Arbeitszeit eingeplant werden. Letztendlich ist das Ziel, Personal so effizient wie möglich einzusetzen und Kosten zu sparen, indem nicht zu viel Personal eingesetzt wird. Diese Vorgehensweise funktioniert nur, wenn in der Apotheke die Prozesse auch klar eingehalten werden können. Wird extrem an Personal gespart, so kann sehr häufig eine Arbeit nicht vervollständigt werden und wird ständig unterbrochen. Dann dauert natürlich der ganze Prozess länger, da immer entsprechende »Rüstzeiten« auflaufen. Zudem leidet die Qualität und am Ende sind dann alle froh, die Arbeit überhaupt »geschafft« zu haben.

Welche Hauptprozesse finden Sie in den jeweiligen Bereichen der Apotheke?
- HV-Bereich,
- Back-Office-Bereich,
- Warenhandling,
- reine Verwaltung,
- Liefer- und Logistikdienstleistungen,
- Versand/Onlineshop.

Je genauer Sie die Abläufe in der Apotheke erfassen, desto genauer können die Kosten zuordnet und später bei der Preiskalkulation berücksichtigt werden. Im Zuge des Qualitätsmanagements (QM) werden Prozessanalysen gemacht, die sehr umfangreich sind und daher in diesem Buch nicht vertieft werden können. Bei z. B. Apothekerverbänden gibt es QM-Beauftragte oder private Dienstleister, die Ihnen gerne bei Fragen weiterhelfen.

Bei der Betrachtung der Prozesse im Einkauf ist die Frage interessant, ob sich der Direkteinkauf rechnet oder ob Waren über den Großhandel bezogen werden sollen. Dazu sollten Sie trennen zwischen dem tatsächlichen wirtschaftlichen Vorteil, abgeleitet aus dem Prozesskostenvergleich und dem praktischen Beziehungsmanagement zum Direktlieferanten. Oft gehen mit Direktlieferungen zusätzliche »Vorteile« einher, die oft nur subjektiv vorteilhaft erscheinen. Wenn Sie dieses Beziehungsmanagement außen vor lassen und sich rein auf die Kosten der Bestellung konzentrieren, so ist es notwendig, alle relevanten Prozessschritte von Lieferantengespräch bis hin zur Warenanlieferung transparent zu machen. Hierzu gibt es Ergebnisse im Markt, wie z. B. von Prof. Dr. Thomas Wilke und Prof. Dr. Kai Neumann von der Hochschule Wismar aus dem Jahr 2005. Fazit dieser Studie lautet, dass der Einkauf über Direktlieferanten mehr Kapazitäten bindet und die opportunen Kosten über einen höheren Rabatt ausgeglichen werden müssen. Der Rabattvorteil zum Großhandel hin sollte bei etwa 5 % und besser liegen. Darüber hinaus sollte der Einkaufswert mind. 375 € (mit mind. 23 % effektivem Rabatt und Skonto) betragen und die Lagerdauer nicht länger als drei Monate betragen. Unberücksichtigt an dieser Stelle ist, welche weiteren (oft privaten) Vorteile der Direktlieferant bietet, die sich außerhalb des Rabatts bewegen.

Apotheken mit Kommissionierautomaten unterstellt man intuitiv Einsparungen in den Personalprozessen, sofern sie effektiv umgeleitet werden. Keine Apotheke kann aufzeigen, dass diese Automaten tatsächlich Arbeitskräfte ersetzt haben. Das heißt, die Fixkosten bleiben, aber die nun freien Kapazitäten der Mitarbeiter sollen umgeleitet werden in möglichst effiziente Maßnahmen. Die Einsparungen im HV-Bereich, die entstehen, weil der Mitarbeiter nicht mehr »nach hinten« muss, sollen in Beratungszeit (Zusatzumsatz) umgewandelt werden. Die Einsparungen im Bestellwesen können darin liegen, dass bei Teilzeitkräften tatsächlich Stunden gekürzt werden können oder eben Aufgaben übernommen werden, die den HV-Bereich oder/und den Chef entlasten.

Controlling spielt bei den internen Prozessen eine wichtige Rolle. Unterstützen Sie hier die Mitarbeiter bei der Definition der Prozesse und bei der Zuordnung der jeweiligen Personalkosten. Die Einhaltung der Soll-Vorgaben für sich wiederholende Tätigkeiten müssen praxistauglich und dennoch effizient sein. Bei strukturellen Veränderungen sollte ebenfalls überprüft werden, ob die Vorgaben noch gültig sind oder angepasst werden müssen. Es kann passieren, dass Mitarbeiter sich kontrolliert fühlen und eine Zeitmessung nur ungern mitmachen.

Bitte erklären Sie die Hintergründe und den wirtschaftlichen Nutzen für die Apotheke und für die Sicherung der Arbeitsplätze. QM-zertifizierte Apotheken schätzen oft den Vorteil von klar definierten Prozessen.

3.7.2 Zeitaufwand je Packung (Handlingkosten)

Gehen Sie hier genauso vor wie bereits auch schon bei der Kennzahl Personalkosten pro Packung. Es gilt zu erfassen, wie viele Stunden effektiv gearbeitet wird. Im zweiten Schritt gilt es, wieder zu trennen nach Rx und non-Rx. Wie viel Controlling ist hier sinnvoll? Der Zeitaufwand, der mit einer Beratung einhergeht oder bei der Herstellung einer Rezeptur, ist nicht vergleichbar mit dem Aufwand, der bei Massenware entsteht, die Sie in einer Schütte haben. Da im non-Rx-Bereich sehr viele Kleinpackungen sind mit teilweise Werten im Cent-Bereich, wäre hier eine zu detaillierte Vorgehensweise zu aufwendig im Verhältnis zu dem Nutzen. Nutzen Sie diese Kennzahl daher nur für den Rx-Bereich.

Handlingkosten = Arbeitsstunden gesamt ÷ Anzahl Packungen

Aufbauend auf den zuvor genannten Erkenntnissen liegen hier die Durchschnittswerte bei 6 bis 7 min. Zeitaufwand je Packung (nur Arzneimittel). Versand und Heimlieferungen fallen aus dieser Betrachtung heraus.

Sehen Sie diese Berechnungsansätze als sportlichen Anreiz und hinterfragen Sie die Tätigkeiten in Ihrer Apotheke, die man »eben schon immer mal schnell gemacht hat«: Welcher Gewinn kann gegengerechnet werden? Bedenken Sie bitte auch, dass Schnelligkeit nicht mit dem gleichen Maß an Qualität einhergeht.

Gewinnen Sie bei der zeitbezogenen Messung Erkenntnisse über:
- Spitzen- und Schwachlasten,
- Stundenumsätze, -erträge (Betriebs- und Unternehmensergebnis),
- Relation zwischen Personaleinsatz und Kundenzahl in den jeweiligen Spitzen- und Schwachzeiten.

3.7.3 Kennzahlen zu Verordnungen Ihrer Ärzte

Angaben zum Verordnungsverhalten der Ärzte sehe ich wieder vor allem im Sinne des pro-aktiven Controllings. Reagieren Sie nicht erst dann, wenn der Arzt nicht mehr da ist, sondern setzen Sie sich zum Ziel, mindestens zweimal im Jahr aktiv auf Ihre Ärzte zuzugehen, um eine positive Beziehung zu pflegen. Es ist nicht zu vermeiden, dass, wenn Sie im Zuge Ihres strategischen Managements Ihre Umsatzentwicklung planen und Soll-Zahlen fürs Controlling vorgeben, Sie auch einschätzen können, wie sich Ihr Rx-Umsatz entwickeln wird. Dazu sind veröffentlichte Statistiken hilfreich, aber eben auch das persönliche Gespräch.

> **Doc Morris-Flyer im Wartezimmer der Hausärztin**
> Vor einiger Zeit war ich mit einer Erkältung bei meiner Hausärztin. Während einer langen Wartezeit fielen meine Blicke zu den anderen Patienten, zu den Plakaten an den Wänden, zum Fenster hinaus oder zu dem Zeitschriftentisch ... Die auffällig grünen Flyer mit dem 5-Euro-Gutschein oben sind mir sofort ins Auge gefallen und immer wieder fiel mein Blick darauf zurück. Ich habe dann heimlich alle mitgenommen und die umliegenden Apotheken um Meinung dazu gebeten. Diese möchte ich hier lieber nicht zitieren. Bei der Nachfrage aber bei der Praxis stellte sich heraus, dass die Flyer »einfach von einem netten Herren mitgebracht wurden, der auch ein Eis oder andere nette Sachen dabei hatte, und nett gefragt hat, ob er die Flyer hinlegen darf«. Die Ärztin selbst ist gar nicht darin involviert gewesen.
>
> Was nehmen Sie aus dieser Geschichte mit? Es ist auch ab und an notwendig, während der Sprechzeiten bei Ihren umliegenden Ärzten vorbeizuschauen und auch mal nett zu sein (z. B. einen Stapel grüner Rezepte vorbeizubringen und etwas Süßes ☺). Pro-aktives Beziehungsmanagement!

Bleiben Sie auf dem Laufenden, wie sich diese Strukturen verändern. Auch Ihr Apothekerverband liefert dazu regelmäßige Statistiken. Fragen Sie diese zur Unterstützung an.

3.7.4 Marktanteil

Der Marktanteil kennzeichnet die Bedeutung der Apotheke am Gesamtmarkt, in dem sich die Apotheke befindet. Sie gibt Auskunft über Ihre Konkurrenzstärke.

Messen Sie den Marktanteil einmal mit den verkauften Packungen (= Absatz) und einmal mit Umsatzerlösen.

Marktanteil (%) = (eigener Ab-/Umsatz) x 100 ÷ Ab-/Umsatz aller Apotheken

Der Marktanteil kann sowohl mengen- als auch wertmäßig definiert werden und sich auf den Gesamt- oder auch auf einen Teilmarkt beziehen.

Schwierigkeiten bei der Bestimmung des Marktanteils liegen in der Bestimmung des relevanten Marktes sowie in der Beschaffung der Zahlen über den Gesamtabsatz (Marktvolumen).

Anhaltspunkte können Sie gewinnen aus Absatzstatistiken des Landesapothekerverbandes, Daten statistischer Ämter oder durch Einkauf spezieller Daten bei Marktforschungsinstituten (z. B. Nielsen und der GfK-Nürnberg). Wenn Ihr Steuerberater eine repräsentativ große Anzahl an Apotheken betreut (oder diese Daten einkauft), wird er Ihnen sicherlich ebenfalls diese Daten zur Verfügung stellen.

Die obige Berechnung ist vor allen Dingen dann infrage zu stellen, wenn sich die einzelnen Marktteilnehmer mit Preisschlachten bekriegen. Dann sinkt permanent der Umsatz. Wer dann noch den meisten Umsatz erzielt hat, ist Marktführer – aber zu welchem Preis? Die Beherrschung des Marktes ist betriebswirtschaftlich nur dann sinnvoll, wenn Sie auch entsprechende Gewinne erwirtschaften. Häufig werden die Berechnungen von Marktanteilen mit dem Absatz – also abverkaufter Menge – berechnet (Marktvolumen). Man kann sich dabei auf den

Gesamt- oder auch auf einen Teilmarkt beziehen. Die Berechnung des Marktanteils bringt oft nur bedingt einen echten Nutzen, wie auch der Vergleich der Kundenzahlen mit denjenigen Ihrer Mitbewerber. Wenn Ihnen die Einwohnerzahl Ihres Ortes/Einzuggebietes bekannt ist und Sie dazu die Menge Ihrer Stammkunden ins Verhältnis setzen, so wäre denkbar, dass Sie bei einem hohen Anteil an Stammkunden in Ihrer Apotheke Marktführer wären. Sie wissen aber nicht, ob der gleiche Kunde auch in der Mitbewerberapotheke eine Kundenkarte hat und auch dort als Stammkunde gezählt wird. Da der Kunde seinen Euro aber nur einmal ausgeben kann, stellt sich die Frage, wer nun mit den gegebenen Kunden den höchsten Umsatz erzielt hat. Dies könnte allerdings nur korrekt beantwortet werden, wenn Ihnen die einzelnen Umsätze der unmittelbaren Wettbewerber bekannt wären.

Formelsammlung und verwendete Abkürzungen

Verwendete Abkürzungen:

AEP	Apothekeneinkaufspreis
AfA	Abschreibungen (für Anlagevermögen/-Abnutzung)
AI	Anlagenintensität
AV	Anlagevermögen
BBG	Beitragsbemessungsgrenze
BEP	Break-Even-Point
BWA	Betriebswirtschaftliche Auswertung
CF	Cashflow
EK	Eigenkapital
EP	Einkaufspreis
EKQ	Eigenkapitalquote
FK	Fremdkapital
FKQ	Fremdkapitalquote
IBV	Interner Betriebsvergleich
kfm.	kaufmännisch
MwSt.	Mehrwertsteuer
UI	Umlaufintensität
UV	Umlaufvermögen
VG	Verschuldungsgrad
VK	Verkaufspreis
WE	Wareneinsatz

Mehrwertsteuer hinzuschlagen	= Nettopreis (kfm. gerundet) x MwSt.-Faktor
Mehrwertsteuer herausrechnen	= Bruttopreis ÷ MwSt.-Faktor = Ergebnis Cent genau runden
Umsatzerlöse	= Menge x Preis (je nach MwSt. brutto oder netto)
Rohertrag	= Umsatz − Wareneinsatz bzw. Wareneinkauf
Betriebsergebnis	= Rohertrag − Betriebskosten + sonst. betr. Erträge
Finanzergebnis	= Zinserträge − Zinskosten
Unternehmensergebnis[7]	= Ergebnis nach Steuer − Kalkulatorischer Unternehmerlohn
Verfügungsbetrag	Unternehmensergebnis − private Sozialabsicherung (Inhaber, evtl. Tilgung)
Gesamtkapitalrentabilität	= Gewinn ÷ Gesamtkapital der Apotheke x 100

[7] wie Apothekenergebnis

Eigenkapitalrentabilität	= Gewinn ÷ Eigenkapital x 100
Fremdkapitalrentabilität	= Gewinn ÷ Fremdkapital x 100
Umsatzrentabilität	= Gewinn ÷ Umsatzerlöse x 100
Umsatzindex	= Umsatz abgelaufenes Geschäftsjahr ÷ Umsatz Vorjahr x 100
Cashflow	= Ergebnis nach Steuer + Aufwendungen, die nicht mit Ausgaben verbunden sind (z. B. AfA) − Erträge, die keine Einnahmen sind (z. B. Auflösung von Rückstellungen od. Buchgewinne)
Handelsspanne	= (VK − EK) ÷ VK x 100
Eigenkapitalquote	= Eigenkapital ÷ Gesamtkapital x 100
Fremdkapitalquote	= Fremdkapital ÷ Gesamtkapital x 100
Verschuldungsgrad	= Fremdkapital ÷ Eigenkapital x 100
Anlagenintensität	= Anlagevermögen ÷ Gesamtvermögen x 100
Umlaufintensität	= Umlaufvermögen ÷ Gesamtvermögen x 100
Personalleistung	= Umsatz ÷ Vollzeitkräfte
Drehzahl	= Umsatz − WE ÷ ø Lagerbestand
Marktanteil	= eigener Absatz (Umsatz) ÷ Gesamtabsatz (-umsatz) aller Apotheken x 100
Mehrumsatz	= [(Rohgewinn alt / Rohgewinn neu) − 1] x 100 %
BEP	= Fixkosten ÷ (Umsatz − Warenkosten)
VK	= Einstandspreis x (100 % + Aufschlag in %) ÷ 100 % Wenn Sie nun den Brutto-VK ermitteln möchten, so sind noch 19 % zu addieren: VK (netto) x 1,19 = VK (brutto)
Spanne (in %)	= (Verkaufspreis − Einstandspreis) x 100 % ÷ Verkaufspreis
Aufschlag (in %)	= (Verkaufspreis − Einstandspreis) x 100 % ÷ Einstandspreis
VK inkl. Aufschlag	= Einstandspreis (100 % + Aufschlag in %) ÷ 100
Liquidität 1. Grades	= Zahlungsmittel ÷ kurzfristige Verbindlichkeiten x 100
Liquidität 2. Grades	= (Zahlungsmittel + kurzfr. Forderungen) ÷ kurzfristige Verbindlichkeiten x 100
Liquidität 3. Grades	= (Zahlungsmittel + kurzfr. Forderungen + Vorrat) ÷ kurzfristige Verbindlichkeiten x 100
Insolvenzquote	= Restvermögen ÷ Gesamtforderung x 100
EBITDA	= Ergebnis nach St. − Steuer − Zinsen − AfA

Kennzahlen: finanzielle Stabilität	Ertragslagekennzahlen
Anlagenintensität = AV x 100 / Bilanzsumme Je niedriger, desto flexibler ist die Apotheke	Eigenkapitalrentabilität = Gewinn x 100 / EK Entscheidend ist, welcher »Gewinn« zugrunde gelegt wird

Kennzahlen: finanzielle Stabilität	Ertragslagekennzahlen
Investitionsquote = Nettoinvest. (Sachanl.) / Buchwert Je höher, desto mehr wurde investiert. Erfolgreich oder Flops? Erfahrungswerte über Jahre sammeln	**Gesamtkapitalrentabilität** = Gewinn x 100 / GK Entscheidend ist, welcher »Gewinn« zugrunde gelegt wird. Vergleich zum Kapitalmarktzins
Investitionsdeckung = AfA / Nettoinvestitionen (= Sachanlagenzugang) Sagt aus, in welchem Ausmaß Invest. aus Abschr. finanziert werden konnten. Wurden nur Ersatzinvest. getätigt oder echte Investitionen? Wenn Wert über 1, dann nur Ersatzinvestitionen	**Material-/Warenintensität** = Wareneinsatz x 100 / Gesamtleistung (= Erträge ohne Zinserträge) Stark schwankende Werte, daher kein Branchenvergleich möglich. Notwendig: Verlauf über Zeit messen
Eigenkapitalquote = EK x 100 / GK Je höher, umso kreditwürdiger	**Personalintensität** = Personalkosten x 100 / Gesamtleistung (= Erträge ohne Zinserträge) zw. 25 – 45 %. Wichtig, da bedeutender Kostenblock
Anlagendeckung = EK x 100 / AV Drückt aus, zu wie viel % das Anlagevermögen durch das EK finanziert wird	**Fremdkapitalzinsen in % vom Umsatz** = FK-Zinsen x 100 / Gesamtleistung Stets Kreditsituation überprüfen; Umschuldung andenken
Kreditorenziel in Tagen (Verbindlichkeiten bei Lieferanten) = Lieferantenverbindlichkeiten x 365 / Wareneinsatz Nach wie vielen Tagen werden Lieferantenrechnungen bezahlt. Sollte nur dann niedrig sein, wenn Lieferanten Skonti bieten	**Abschreibungen in % vom Umsatz** = AfA x 100 / Gesamtleistung ca. 3 %. Oder wird viel geleast? Bei Leasing ist das Anlagevermögen kleiner und somit sinkt die Sicherheit
Forderungsziele in Tagen = Kundenforderungen x 365 / Umsatz Nach wie vielen Tagen zahlen meine Kunden?	**Break-Even-Point in % vom Umsatz** = BEP x 100 / Gesamtleistung Wenn unter 100, wurde der Mindestumsatz nicht erreicht. Der Sicherheitsgrad gibt an, um wie viel % der Umsatz zurückgehen kann, bevor der BEP erreicht ist
Lagerdauer in Tagen = Vorräte x 365 / Wareneinsatz	**Cashflow in % vom Umsatz** = CF x 100 / Gesamtleistung Je höher, desto besser. Bei hohen AfA entsteht autom. ein hoher CF
Liquidität 1. Grades = flüss. Mittel x 100 / kurzfr. FK Bitte monatlich erfassen und Entwicklungstendenzen beobachten	
Schuldtilgungsdauer in Tagen = (FK − flüssige Mittel) / Cashflow Auch Entschuldungsdauer genannt	

Nützliche Tasten-Kombinationen in Excel®

	Allgemeine Befehle		
Strg + N	Neue Arbeitsmappe	Strg + Z	Letzten Befehl rückgäng machen
Strg + O	Datei öffnen	Strg + Y	Letzten Befehl rückgäng wiederholen
Strg + S	Speichern	Strg + C	Kopieren
F12	Speichern unter	Strg + X	Ausschneiden
Strg + P	Drucken	Strg + V	Einfügen
Strg + F2	Druckvorschau	Strg + F1	Menüband aus- und einblenden

	Befehle zum Navigieren, Markieren und Bearbeiten		
Strg + Pos 1	Zum Anfang des Arbeitsblatts springen (Zelle A1)	F2	Bearbeitungsmodus für aktuelle Zelle aktivieren
Pos 1	An den Anfang der Zeile springen	Strg + Enter	Eingabe in mehrere markierte Zellen übernehmen
Strg + →	Nach rechts zur letzten Zelle der Zeile springen	Strg + R	Zellinhalt in markierte Zellen nach rechts ausfüllen
Strg + ↓	Nach unten zur letzten Zelle der Spalte springen	Strg + U	Zellinhalt in markierte Zellen nach unten ausfüllen
F5	Dialogfeld Gehe zu aufrufen	Alt + Enter	Manueller Zeilenumbruch in einer Zelle
Strg + Bild ↑	Zum nächsten Arbeitsblatt wechseln	Strg + .	Aktuelles Datum einfügen
Strg + Bild ↓	Zum vorherigen Arbeitsblatt wechseln	⇧ + F11	Neues Arbeitsblatt hinzufügen
Strg + -	Zelle, Zeile oder Spalte löschen (je nach Markierung)	F11	Diagramm aus markiertem Datenbereich erstellen
Strg + +	Zelle, Zeile oder Spalte einfügen (je nach Markierung)	Strg + 8	Spalte ausblenden

Befehle zum Navigieren, Markieren und Bearbeiten

Strg + A	Bereich um aktuelle Zelle ODER Arbeitsblatt markieren	Strg + U + 8	Spalte einblenden
Strg + ⇧ + →	Bis zur letzten Zelle der Zeile markieren	Strg + 9	Zeile ausblenden
Strg + ⇧ + →	Bis zur letzten Zelle der Spalte markieren	Strg + ⇧ + 9	Zeile einblenden

Befehle zum Formatieren

Strg + 1	Dialogfeld Zellen formatieren aufrufen	Strg + ⇧ + F	Fett
Strg + !	Zahlenformat mit zwei Dezimalstellen zuweisen	Strg + ⇧ + K	Kursiv
Strg + $	Währungsformat mit zwei Dezimalstellen zuweisen	Strg + ⇧ + U	Unterstrichen
Strg + %	Prozentformat ohne Dezimalstellen zuweisen	Strg + 5	Durchgestrichen
Strg + &	Zahlenformat Standard zuweisen	Strg + _	Äußere Rahmenlinie um markierten Bereich herum

Allgemeine Befehle

Alt + =	=SUMME() einfügen	F3	Bereichsnamen in eine Formel einfügen
⇧ + F3	Assistent zum Einfügen von Funktionen aufrufen	Strg + F3	Bereichsnamen festlegen
F4	Bei Formeleingabe zwischen relativen und absoluten Zellbezügen wechseln	Strg + ⇧ + F3	Bereichsnamen aus markierten Überschriften übernehmen
F9	Neu berechnen (gesamte Arbeitsmappe)	Alt M O	Formelanzeige ein- und ausblenden (als Tastenfolge eingeben, ersetzt Strg + #)
⇧ + F9	Neu berechnen (nur aktuelles Arbeitsblatt)	⇧ + F2	Neuen Kommentar erstellen
Strg + T	Tabelle erstellen	⇧ + Alt + →	Gruppieren
Strg + ⇧ + L	AutoFilter ein- und ausschalten	⇧ + Alt + ←	Gruppierung aufheben

Anhang

Lösung Übung von Seite 34:
Bevor wir uns die Einträge in den Formelzellen anschauen, benötigen wir Zahlen (Euro-Angaben). Hierzu werden nachfolgend einige Annahmen getroffen. Arbeiten Sie selbstverständlich mit ihren eigenen Werten.

So lange die Zelle mit dem Jahresumsatz leer, also ohne einen Euro-Wert ist, bekommen Sie eine Fehlermeldung. Tragen sie daher einen Wert ein. Als Annahme gehen wir von 2,1 Mio. € aus. Für die bessere Lesbarkeit sollten Sie die Zelle formatieren. Die Spaltenüberschrift ist bereits Euro, also wäre ein Währungsformat eine Redundanz. Wählen Sie daher bei der oberen Befehlsleiste unter Start, die Formatierung »Zahl« aus, wie in Abbildung 63 unten zu sehen. Durch Anklicken des kleinen Pfeils in der Ecke öffnet sich das Auswahlfenster. Setzen Sie bei 1000er-Trennzeichen ein Häkchen und wählen gegebenenfalls die Anzahl der Nachkommastellen aus. Der Controller ist kein Buchhalter und daher empfehle ich eine Vereinfachung durch Runden und keine! Kommastellen. Hier würde also die Auswahl auf null mit der Pfeiltaste nach unten gesetzt werden.

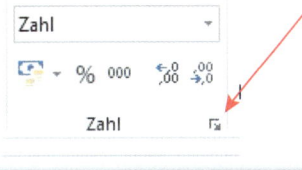

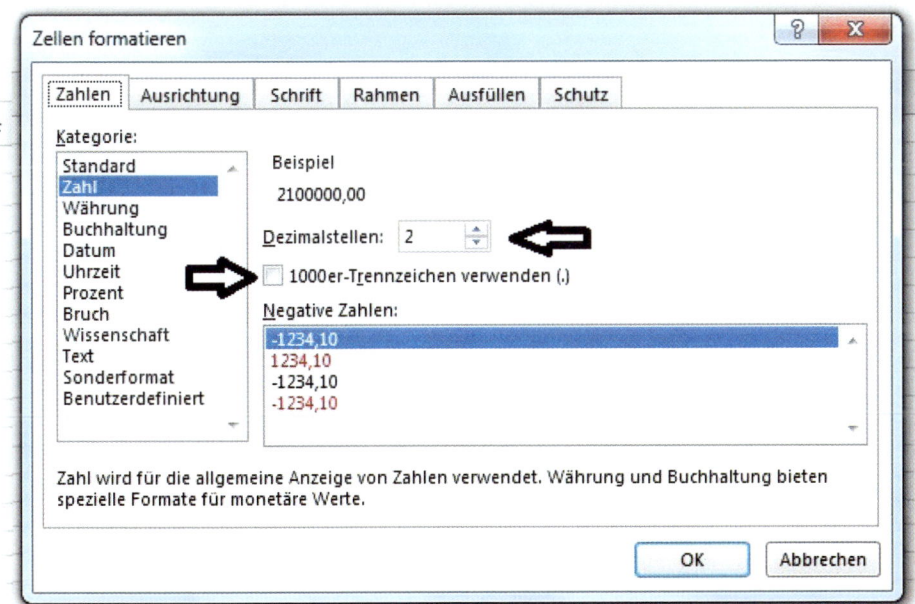

Abb. 63: Formatierung der Zahl

Gehen wir nun zu der Lösung der Aufgaben 1-5.

Aufgabe 1: Zelle C3 Formel für Wareneinsatz in Prozent:
=C2/B2*B3 (Variante 1, wenn Sie keine Zellenfortführung planen würden)
=$C$2/$B$2*B3 (Variante 2)
konkret: =, dann Klick in Zelle C2, dann Taste F4, dann ÷ bzw /, dann Klick in Zelle B2, dann Taste F4, dann *, dann Klick in Zelle B3.

Aufgabe 2: C4 und C5 prozentuale Berechnung unter Anwendung des $-Zeichens:

Sobald Sie in der Zelle C3 Variante 2 gewählt haben, wird einfach die (stärker markierte) rechte, untere Ecke der Zelle C3 angeklickt und nach unten »gezogen«. Diese Formelfortführung erspart Ihnen das jeweils neue Eintippen in die Zellen.

In unserem Beispiel werden weitere Annahmen (Höhe der Kosten) getroffen, so dass bei den Prozentangaben sinnvolle Werte stehen und Sie das Beispiel besser nachvollziehen können:

	€
Wareneinsatz	1.658.000
Raumkosten	61.000
Personalkosten	311.450

Falls Sie die Zahl-Formatierung nur beim Umsatz vorgenommen haben und nicht gleich auch die Zellen der Kosten-Angaben darunter formatiert haben, so können Sie die Schritte der Formatierung erneut vornehmen (und diesmal gleich alle betroffenen Zellen B3 bis B5 markieren) oder Sie wenden eine kleine Erleichterung an:

Abb. 64
Formatierung übertragen

Der kleine Pinsel oben in der Befehlszeile (Abbildung 64) kopiert für Sie eine bestehende Formatierung und überträgt sie auf andere Zellen. Klicken Sie zunächst auf die Zelle, die bereits das Wunschformat beinhaltet – in unserem Fall auf die 2.100.00 – und klicken anschließend auf den Pinsel. Die Zelle wird mit einem tanzenden Rahmen markiert und wenn Sie nun die Zellen B3 bis B5 markieren, so wird automatisch das Format übertragen.

Nach der Fortführung der Formel aus der Zelle C3 auf die unteren Zellen C4 und C5 wird automatisch auch hier das Format übertragen. Prozentangaben geniert Excel ® gerne gleich mit mehreren Kommastellen. Wie Sie die Dezimalstellen eliminieren können, haben Sie bereits einen Schritt zuvor kennengelernt. Auch hier gibt es eine Vereinfachung.

Wenn Sie der Abbildung 63 auf den oberen Bereich aus der Befehlsleiste schauen, dann bekommen Sie gleich schon die Option zur Definition der Nachkommastellen angeboten.

Markieren Sie erst die Zellen mit den Prozentangaben und klicken dann den rechten Button, um Dezimalstellen zu kürzen. In diesem Fall können Sie sich für zwei Kommastellen entscheiden.

Lösung Aufgabe 3: Zeile unterhalb des Wareneinsatzes einfügen, Rohertrag

1. Sie stellen sich auf die grau unterlegte Zeilenbezeichnung der Zeile 4. Raumkosten und alle weiteren Angaben in dieser Zeile sind jetzt markiert.
2. STRG und + drücken
Eine neue Zeile oberhalb der markierten Zeile wird eingefügt

Lösung Aufgabe 4: Formel Rohertrag in Prozent und Euro-Wert:
Es gibt hier mehrere Lösungsansätze.

1. Der einfachste Weg ist das Fortführen der Zelle C3. Dann wird automatisch die Berechnung in Zelle C4 fortgeführt und die Formatierung mit übertragen.
2. In Zelle A 4 wird eingetippt: Rohertrag
3. Zelle B 4 erhält die Formel: =B2-B3 (mit Enter bestätigen)
4. Zur optischen Verfeinerung bedienen wir uns weiterer Formatierungshilfen und weisen den Zellen A4 bis C4 einen Strich zu, so dass eine Zwischensumme angedeutet wird. Markieren Sie diese Zellen und wählen aus der oberen Befehlszeile einen der Rahmenlinien aus (Schriftartbereich). Siehe nächste Abbildung 65.

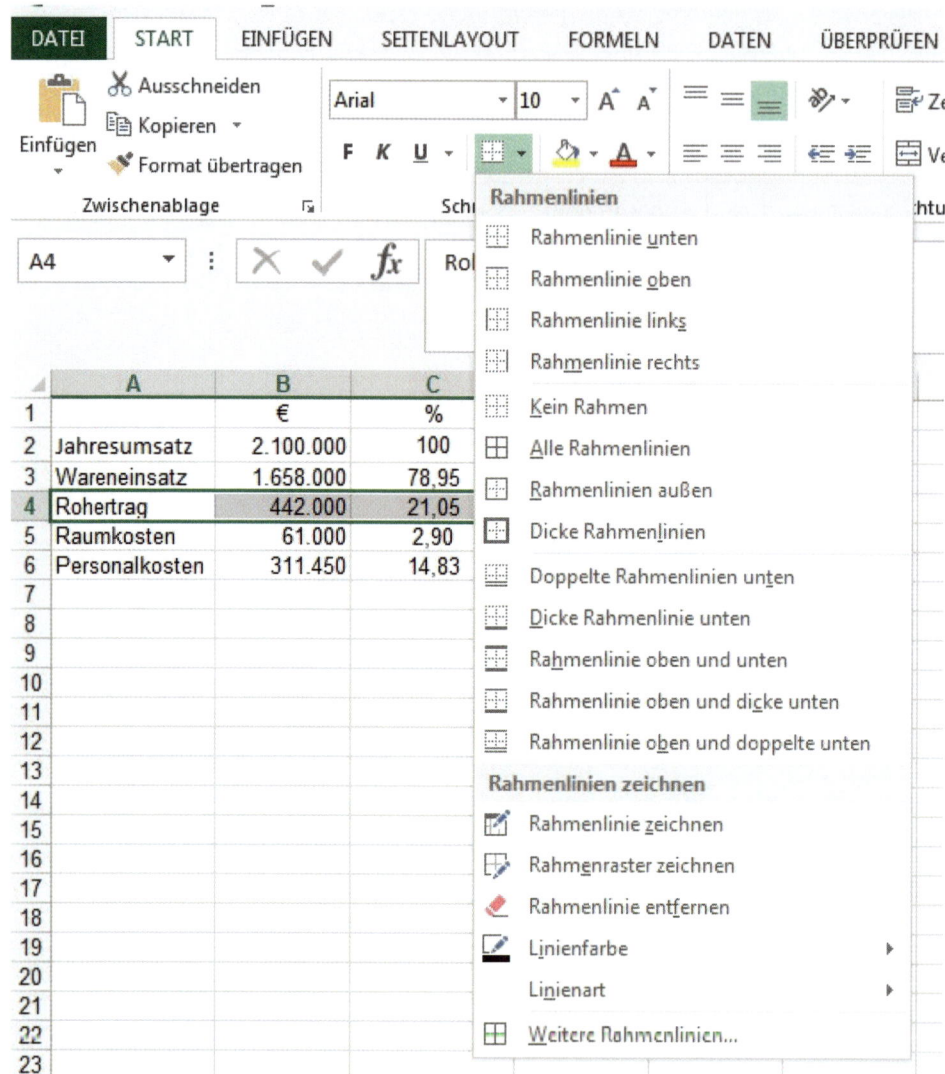

Abb. 65: Formatierung Rahmenlinien

Aufgabe 5:
Kosten im Verhältnis zum Rohertrag und eine neue Spalte.

- In Zelle C1 ändern Sie die Überschrift in »% Umsatz«
- In Zelle D1 Schreiben Sie die Überschrift »% Rohertrag«
- In Zelle D4 schreiben Sie die Überschrift »100«
- In Zelle D5 steht die Formel: = $D$4/$B$4 * B5
- Diese wird anschließend an der rechten unteren Ecke angeklickt, gehalten und nach unten gezogen (Formelfortführung)

- Verschönern Sie Ihre Tabelle zur besseren Lesbarkeit

	A	B	C	D
1		€	% Umsatz	% Rohertrag
2	Jahresumsatz	2.100.000	100	
3	Wareneinsatz	1.658.000	78,95	
4	Rohertrag	442.000	21,05	100
5	Raumkosten	61.000	2,90	13,80
6	Personalkosten	311.450	14,83	70,46
7				
8				
9				

Abb. 66

Literaturempfehlungen

Hassel, Martin: Fit für die Apothekenführung. Ein Praxisbuch für Einsteiger. 4. Auflage Govi 2021

Jung, Marcella: BWL kompakt. Der Apothekenberater für Ihre Wirtschaftlichkeit. Jung-Akademie, Mörfelden-Walldorf 2024.

Jung, Marcella: Unternehmerisch denken, besser verkaufen. Erfolgreich im Apothekenteam. 2. Aufl. Govi 2018

Jung, Marcella: Führungsstrategien für die Apotheke. Govi 2017.

Jung, Marcella: Marketing für Apotheken, Govi 2020

Die Autorin

Marcella Jung lebt ihr Motto »BWL macht Spaß«! Sie hat BWL studiert und war viele Jahre Beraterin bei nationalen und internationalen Unternehmen. Seit über 20 Jahren hat sie sich auf die Apotheken-Beratung spezialisiert und ist bundesweit als Dozentin und Referentin erfolgreich. Mit ihrer Firma »Jung-Akademie« deckt sie das gesamte Schulungsportfolio ab, das moderne Unternehmen heute anfragen. Schulungsthemen gibt es online als auch in Präsenz. Gleichzeitig ist sie als Familienmanagerin glückliche Ehefrau und Mutter.

www.jung-akademie.online

BWL hat Spaß gemacht? Jetzt noch ein Webinar? Finden Sie hier noch mehr interessante Inhalte für die Bereiche Führung und BWL für das Apothekenpersonal auf den Homepages der Autorin.

Stichwortverzeichnis

ABC-Analyse 47
Abholschokolade 116
Analysieren 20
Anlagenintensität 88
Aufschlag 93

Bankauszug 26
Betriebsergebnis 94
Betriebswirtschaftliche Auswertung 10, 11, 15, 44, 59, 89
Bezugsgrößen 55
Bilanz 11, 15, 59
Break-Even-Point 82
Buchhaltung 10
Business-Plan 39

Cashflow 74, 76
Clusterung 16
Controlling-Aufgaben 9

Datenmüll 31
Deckungsbeitragsrechnung 49, 53
Defektquote 114
Diagramme 37
Drehzahl 117

EBIT 71
EBITDA 71
EBT 70
Eigenkapitalquote 86
Eigenkapitalrentabilität 60
Ergebnis nach Steuer 97
Ergebnis vor Steuer 95
Ertragsleistung 104
Excel-Arbeitsmappe 27
Excel® 52
Excel®-Funktion Ausschneiden 30
Excel®-Funktion: Heute 36
Excel®-Funktion Sortieren 28

Excel®-Funktion SUMME 23
Excel®-Funktion Verknüpfung 25
Excel®-Funktion Weiterführen 32
Excel®-Funktion WENN 25
Excel® – Grundbegriffe 22
Excel® – Organisatorische Funktionen 35
Excel® – Tabellenbereich 24
Excel® – Weitere Tools 30

Finanzkennzahlen 58, 59
Fremdkapitalrentabilität 61

Gesamtkapitalrentabilität 62, 72
Gesamtleistung 91
Gewinn 70, 73
Gewinnschwelle 82
Gewinn- und Verlustrechnung 11, 15, 58, 75

Handelsspanne 77
Handlingkosten 123

Informationsgewinnung 10
Interner Betriebsvergleich 44

Jahresprognose 83

Kapital-Rentabilität 59
Kennzahlen 13, 47, 55, 57
Key Performance Indicators 55
Korbumsatz 37, 112
Kundenkarten 113
Kundenkennzahlen 17, 110
Kundenströme 111
Kundenzahl 111
Kundenzufriedenheit 112

Lagerkennzahlen 114
Lagerkosten 116
Lagerumschlag 117

Lagerwert 121
Lieferfähigkeit 114
Liquidität 73

Management by exception 42
Managementreport 10
Management Summary 42, 54
Marketingkennzahlen 110
Marktanteil 124
Mehrumsatz 80
Mitarbeiterzufriedenheit 110
MS Excel 20

Operatives Controlling 47
Outsourcing 45

Personalkennzahlen 101
Personalkosten 53, 106
Personalleistung 103, 104
Planung 18
Preiskampf 64
Prozesskennzahlen 121

Rahmenbedingungen 16
Rechnungswesen 10
Rendite 59
Rentabilität 59, 70
Rezepturen 109
Risiko 46
Rohertrag 56, 92
Rohgewinn 113

Schrumpfung 68
Schwächen 46

Selbstbild 72
Selbstmanagement 9
Sinn 40
Spanne 13
Stammdatenpflege 52
Stellschrauben 67
Steuerberater 44
Steuerung 20
Steuerungselemente 16
Strategisches Controlling 18, 46
Stücknutzen 13, 85
Supermarkt 41
SWOT-Analyse 18, 46, 47

Umlaufintensität 88
Umsatz 56, 64, 65, 69, 112
Umsatzerlöse 16
Umsatzrentabilität 63
Umschlagshäufigkeit 117
Unternehmensergebnis 97
Unternehmerlohn 73

Verfügungsbetrag 98
Verordnungsverhalten 123
Verschuldungsgrad 87

Wachstum 68
Wareneinsatz 56, 65
Warengruppen 53
Warenwirtschaftssystem 10

Zielgrößen 16